Erlösung auf Golgota?

Erlösung auf Golgota?

Der Opfertod Jesu im Streit der Interpretationen

Herausgegeben von Magnus Striet und Jan-Heiner Tück

HERDER

FREIBURG · BASEL · WIEN

MIX
Papier aus verantwor-
tungsvollen Quellen
FSC® C106847

© Verlag Herder GmbH, Freiburg im Breisgau 2012
Alle Rechte vorbehalten
www.herder.de
Umschlaggestaltung: Finken&Bumiller, Stuttgart
Satz: dtp studio mainz | Jörg Eckart
Herstellung: fgb · freiburger graphische betriebe
www.fgb.de
Printed in Germany

ISBN 978-3-451-30651-8

Inhalt

Vorwort

Jan-Heiner Tück / Magnus Striet

Der Glaube an die erlösende Kraft des Kreuzes Christi steht im Zentrum des Christentums. Wer allerdings behauptet, dass feststehe, was Erlösung bedeutet und worauf die Rede von der Erlösung bezogen ist, muss sich einem gewaltigen Gegner stellen, keinem geringeren als dem der Geschichte. Zwar lassen sich religionsübergreifend Konstanten beschreiben, wenn es um Erlösung geht. Immer scheint die religiöse Rede von Erlösung auf eine Befreiung von der Selbstzentriertheit des Menschen hinauszulaufen. Auch wird die Erfahrung der Endlichkeit, der Vorläufigkeit alles menschlichen Tuns schnell zum Thema. Dennoch zeigt die Geschichte, dass es eine hohe Variabilität von Erlösungsvorstellungen gibt.

Dies gilt auch für den christlichen Glauben an Erlösung, auf den sich der hier vorgelegte Band in der Reihe „Theologie kontrovers" konzentriert. Von Anfang an wurde im Christentum darum gerungen, wie die rettende und erlösende Kraft des Kreuzes zu verstehen sei. Die Konzentration auf die erlösende Bedeutung des Kreuzestodes Christi wurde schließlich so stark, dass der Lebensweg des Juden Jesus darüber – zumindest in der westlichen Theologietradition – mehr oder weniger vergessen wurde. Diese Marginalisierung des Lebens Jesu durch eine straurozentrische Engführung der Christologie hat erhebliche Auswirkungen auf die Frömmigkeitspraktiken gehabt, ja die theologische Fokussierung auf die Erlösung von Sünde und Schuld hat die Frage nach der Rettung der unschuldig Leidenden weithin verdrängt und auch zu Pervertierungen des Gottesbildes geführt. Der Verdacht stand im Raum, der über die Sünde der Menschen erzürnte Vatergott habe das blutige Opfer seines Sohnes gefordert, um sich versöhnen zu können. Diese Fehlentwicklungen dürften kaum zu bestreiten sein.

Diese historisch-kulturwissenschaftliche Erinnerung zeigt: Es steht nicht einfach fest, was Begriffe wie Erlösung, Opfer, Sühne oder auch Sünde meinen, dass Menschen sich vielmehr bei der Verständigung über ihren Glauben in Begriffswelten bewegen, die geschichtlich geworden sind, und deshalb immer wieder neu um deren Überzeugungskraft ringen müssen. Nichts kann einem Glauben, der menschenzugewandt sein will, zuträglicher sein als der Streit um das bessere Argument, wobei die argumentierende Vernunft rückverwiesen ist auf biblische Orientierungen und theologische Traditionen. Diese stehen aber nicht einfach fest, vielmehr muss immer wieder neu ausgelotet werden, welches Verständnis von Erlösung dem Glauben an den Gott, der sich gemäß dem christlichen Glauben in die Welt inkarniert hat, der als Mensch da war, angemessen ist – wissend darum, dass Theologie sich täuschen kann, weil sie nicht mehr sein kann, als das menschlich interpretierte Wort des Glaubens an das fleischgewordene Gotteswort. Aus diesem Zirkel kommt keine Theologie heraus.

Der hier vorgelegte Band „Erlösung auf Golgota? Der Opfertod Jesu im Streit der Interpretationen" greift neu in die theologische Diskussion ein. Unmittelbarer Anlass war eine Diskussion der beiden Herausgeber in der Katholischen Akademie in München im Februar 2012, die breites Interesse gefunden hat. Im Rahmen dieses Streitgesprächs brach die Frage auf, ob Gott, der Vater, mit dem blutigen Tod des Sohnes auf Golgota nicht möglicherweise seine eigene Schuld gesühnt habe. Die Rede von einer Schuld Gottes klingt zunächst befremdlich. Aber hat Gott, der Schöpfer, den Menschen nicht eine Schöpfung zugemutet, die von Ressourcenknappheit, Rivalität und unglücklichen Kontingenzen durchzogen ist? War er vielleicht bereits im Schöpfungsentschluss entschieden, sich auch selbst diesen Zumutungen in der Gestalt eines wahren Menschen auszusetzen, um nicht nur der Menschheit dieses alles zuzumuten, sondern auch sich selbst? Da er schließlich diese und keine andere Welt wollte, um Menschen für sich gewinnen zu können? Und er – auch diese Frage ist zu stellen – nur in der Gestalt eines Menschen seine treue Liebe zum freien Gegenüber erfahrbar werden lassen konnte? Sich so als er selbst nahe bringen, sich selbst offenbar werden lassen konnte?

Diese Fragen provozieren Gegenfragen: Kann und darf der Mensch Gott schuldig sprechen und vor das Tribunal der Vernunft zitieren? Und wird die innere Achse der neutestamentlichen Soteriologie nicht verschoben, wenn Christus am Kreuz nicht nur für uns Menschen, sondern auch für Gott selbst gestorben sein soll? Und: Warum erleidet Jesus überhaupt den Tod? Andererseits sind biblische Texte auch literarische Texte, mithin Verstehensversuche, die heute möglicherweise nach Fortschreibung verlangen. Das Münchner Streitgespräch wird im vorliegenden Band fortgesetzt. Die Herausgeber danken allen, die sich im hier vorgelegten Band an der Diskussion beteiligt haben, sei es durch eigene Positionierungen, sei es, indem sie auf diese Debatte Bezug genommen haben. Dem Lektor des Herder Verlags, Stephan Weber, sei für die bewährt effiziente und reibungslose Zusammenarbeit gedankt.

Freiburg i. Br. – Wien, am Gedenktag des hl. Maximilian Kolbe 2012   Magnus Striet – Jan-Heiner Tück

Erlösung durch den Opfertod Jesu?

Magnus Striet, Freiburg i. Br.

I.

Als der muslimische Schriftsteller Navid Kermani vor wenigen Jahren eine Bildbetrachtung zu Guido Renis ‚Kreuzigung' unter der Überschrift „Warum hast du uns verlassen?" in der *Neuen Zürcher Zeitung* publizierte[1], löste er damit kultur- und religionspolitische Turbulenzen aus, die in ihrer Ernsthaftigkeit überraschten. Denn insgesamt fallen die Feuilletondebatten, wenn es um das Thema Religion geht, doch eher seicht aus. Es sind zumeist die institutionellen Außenseiten der Religion, die besprochen werden. Auch bezogen auf die Kermani-Debatte darf gefragt werden, ob es tatsächlich um Theologie, um die verantwortete Rede von Gott, ging. Ist Gott in vielen Religionsdebatten überhaupt noch eine Frage, eine offene, vielleicht sogar bedrückende Frage? Auch wenn neuerdings das Wort von der Gottes- beziehungsweise von der Glaubenskrise wieder die Runde macht, habe ich meine Zweifel. Zumal das Wort Glaubenskrise die Not des Nichtglaubenkönnens verdeckt, die Menschen belastet. Wenn dann noch mit kulturpessimistischem Zungenschlag behauptet wird, dass eine Freiheit ohne Religion moralisch orientierungslos bleibe, werde ich den Verdacht nicht los, dass es in dieser Beschwörungsrhetorik mehr um den eigenen Bedeutungsaufweis geht als um die Frage nach Gott. Von der nicht vorhandenen empirischen Belastbarkeit der These, dass Religionslosigkeit ins ethische Desaster führt, ganz zu schweigen.

Aber das ist hier nicht mein Thema. Kermani stieß sich in seiner Bildbetrachtung an allen – also nicht nur christlichen, sondern auch islamischen – Verklärungen des Leids beziehungsweise des Martyriums. Eine „Hypostasierung des Schmerzes" empfinde er als „barbarisch, körperfeindlich", als einen „Undank gegenüber der Schöpfung, über die wir uns freuen, die wir geniessen" sollten, „auf dass wir den Schöpfer erkennen." Deshalb könne er es „im Herzen verstehen, warum Judentum und Islam die Kreuzigung" ablehnten. Es ist klar, was Kermani an christlichem Traditionsgut im Blick hat, den blutigen Sühnetod Jesu.

Ich komme auf Kermani am Ende meiner Ausführungen nochmals zurück. Auch ich, so viel vorweg und das sage ich als bekennender Christ, lehne die Kreuzigung ab, lehne jede Gewalt an Menschen ab, und zwar unbedingt. Deshalb kann der grauenhafte Foltertod Jesu in meinen Augen, wenn überhaupt, nur mittelbar einen Sinn haben. Denn wenn meine Ablehnung der Gewalt unbedingt gilt, so umfasst sie einen jeden Menschen, mithin auch den Juden Jesus, den der christliche Glaube als den Christus, den Sohn Gottes bekennt. Bevor ich versuche, dem Tod Jesu dennoch Erlösungsbedeutung abzugewinnen, gilt es, die Ausdeutungslogik dieses Todes, wie sie in der Geschichte generiert wurde, zu rekonstruieren – und zu dekonstruieren. Denn wenn Gewalt abzulehnen ist, unbedingt, so darf auch Gott sie höchstens tolerieren, und auch dann noch wäre nach den Gründen zu fragen, die dies akzeptabel machen. Die Frage der Theodizee bleibt nur durch Gott selbst beantwortbar. Oder aber er entpuppt sich für das moralische Gemüt als der „Kannibale im Himmel", als den Ernst Bloch ihn einst bezeichnet hat.[2]

Maßgeblich in der Frage nach dem *Cur deus homo?* und zumal nach der Bedeutung des Todes Jesu wurde das Paradigma der Sünde. Bis heute ist die Ansicht in der Theologie weit verbreitet, dass, wenn man nicht von einer Erlösungsbedürftigkeit der Menschheit von einer allgemeinen Sünde ausgehe, nicht mehr verstehbar gemacht werden könne, warum Gott Mensch geworden sei. Was übrigens, das sei nur kurz bemerkt, einen erheblichen denkerischen Einschnitt in die Freiheit Gottes vornimmt. Es war Augustinus, der, um Gott von der Faktizität des Bösen in der Welt entlasten zu können, zum Konstrukt einer Ursünde in Adam gegriffen hatte.[3] Entscheidend ist, dass demnach einen jeden Menschen individuell anrechenbar Schuld an dieser Sünde trifft. Mit der Tat Adams aber sei die menschliche Freiheit (oder was diese dann überhaupt noch sein mag) so entstellt, dass sie nur noch das Böse tun könne. Damit ging Augustinus weit über Paulus hinaus. Dieser hatte lediglich konstatiert, dass faktisch (!) ein jeder Mensch Sünder sei (vgl. Röm 5, 12). Anselm von Canterbury konnte auf der Basis des immens wirksam gewordenen Augustinismus nun rational verständlich machen, warum Gott Mensch wurde. In seiner Barmherzigkeit, so Anselm, gibt Gott seinen Sohn hin. Er machte seinen eigenen Sohn zum Opfer und setzte ihn der Brutalität des Kreuzes aus, damit der Mensch versöhnt werden könne. Und Gott blieb in dieser Logik auch nichts anderes übrig, wenn er sich als barmherzig gegenüber der Menschheit erweisen wollte, die durch mangelnde Ehrerbietung die Schöpfungsordnung verletzt hatte. Denn weil der Mensch als das Geschöpf diese immer bereits seinem Schöpfer schuldete, konnte er aus sich selbst heraus keine Genugtuung leisten. Es musste eine Genugtuung erbracht werden, die größer als die ursprünglich geforderte Ehrerbietung ist.

Ohne Genugtuung, sprich Sühne, war keine Versöhnung möglich. „Wer nicht bezahlt, spricht vergebens: ‚vergib'", formuliert Anselm apodiktisch.[4] Also musste Gott selbst, um die Gabe entsprechend groß zu machen, das Versöhnungswerk leisten. Warum aber in der Gestalt eines Menschen? Weil es ja der Mensch war, der sich mit Gott entzweit hatte. Wird nun in der Gestalt des sündfreien Gottmenschen die Genugtuung erbracht, so ist die nötig gewordene größere Gabe dar, damit Gott sich versöhnen kann.

Historisch kann man nachvollziehen, wie Anselm zu dieser Logik kam. In seinem Weltbild konnte Gott nicht einfach so, umsonst, vergeben. Es findet sich hier eine an der Gesellschaftsform des Feudalsystems orientierte Rationalisierung des Glaubens an die Heilsbedeutung des Todes Jesu, deren Intention zunächst zu würdigen ist: Rational sein zu wollen im Glauben ist diesem Glauben angemessen. Also muss verstehbar gemacht werden können, warum dem Tod Jesu Heilsbedeutung zukommen soll. Doch hatte das Verstehen, das damit eröffnet werden sollte, einen sehr hohen Preis: Es belastet die Menschheit mit der Schuld am grausamen Tod des Menschen Jesus, es verschafft der Rede von der Erbsünde einen festen Platz in der Lehre von der größten Hoffnung des Christentums, der Erlösung – und: Es führte zu einer Verdunkelung Gottes, die sich bis heute auswirkt. Dass die Sühnetheorie sich so tief in das kulturell-religiöse Gedächtnis der christlichen Tradition einschreiben konnte, spricht Bände über das Selbstverständnis, vor allem aber über die Nöte und Ängste von Generationen. Als die Freiheit ihre Würde wiederentdeckte, sie, ohne darüber ihre abgründige Hinneigung zum Bösen zu verschleiern, diesen Gott nicht mehr verstand, der ein so grausames Opfer als Ausdruck seiner Barmherzigkeit forderte, starb Gott. Friedrich Nietzsche sprach nur noch aus, was Hans Blumenberg dann einen Akt der humanen Selbstbehauptung[5] nennen sollte. Das Bild von einem unbedingt liebenden Gott, der frei ist, ebenso unbedingt Versöhnung zu ermöglichen, konnte bis heute nicht an die Stelle des toten Gottes treten.

Die massiven Abbrüche in der Glaubenstradierung, die zunächst einmal noch völlig unabhängig von förmlichen Kirchenaustritten in den Blick genommen werden müssen, die ängstliche Weigerung, den Glauben ernsthaft den Anfragen der Vernunft und des realen Lebens auszusetzen, belegen dies weithin. Sprachlosigkeit herrscht, wenn der zur Formel erstarrte Satz „gestorben für unsere Sünden" interpretiert werden soll. Gleichwohl wird das Bekenntnis dazu gesprochen, und: Ich will ja auch nicht bestreiten, dass es ins Zentrum des Glaubens gehört. Was aber nicht verstanden wird, wird entweder nur behauptet, ohne dass diese Glaubensinhalte lebenspraktische Relevanz hätten; oder aber die Bedeutung Jesu wird auf die eines faszinierenden Menschen reduziert, und im schlimmsten Fall wird das biblische Wort *Und wenn ihr nicht werdet wie die Kinder* wörtlich genommen. Freilich gehe ich davon aus, dass es immer noch die anselmianisch-sühnetheoretische Interpretation ist, die im Raum steht. Die Gründe, warum sie faktisch nicht mehr übersetzbar ist in das Denken der Gegenwart, so dass der Glaube immer mehr „zum belanglosen Relikt einer vergangenen Epoche"[6] zu werden scheint, sind jedoch hier noch nicht ausgeführt. Deshalb: Woran krankt das satisfaktionstheoretische Modell? Ich begrenze mich auf zwei Einwände.

Zunächst zur Rede von einer vererbten Sünde: Sie ist aus unseren heutigen Denkbedingungen, aus den unsere moralischen Grundüberzeugungen leitenden Begrifflichkeiten heraus schlicht nicht nachvollziehbar. Denn entweder Sünde ist Sünde, schuldhaft anrechenbar. Dann aber ist sie die Handlung eines verantwortungsfähigen Individuums, kann deshalb auch nur individuell und damit unvertretbar, freiheitsursprünglich sein. Streng genommen müsste man anfügen: eines Individuums, das aus seinem Glauben heraus andere Handlungsoptionen als die gewählte gehabt hätte. Dann wäre sinnvoll zwischen Schuld und Sünde als Schuld eines gläubigen Menschen differenziert. Schuldig werden kann ein jeder, aber sündig nur, wer bereits eine Einübung in den Glauben an Gott erfahren hat, ein Selbst vor Gott geworden ist. Aber lassen wir dies zunächst noch beiseite. In jedem Fall aber rechnen wir Schuld und damit auch Sünde individuell zu, wobei diese Idee selbstverständlich alles andere als neu ist: Schon biblische Autoren verabschieden die Vorstellung von einer Sippenhaft. Deshalb kann eine Sünde nicht vererbt werden. Was freilich nicht meint, dass Menschen nicht auch durch Unheilszusammenhänge geprägt würden und sich schuldhafte Verhaltensmuster nicht auch selbst im reflektierten Selbstvollzug wiederholen können.

Hinzu kommt, dass die Rede von einem geschichtlichen Urstand weder den biblischen Erzählungen, auf die sie sich bezieht, gerecht wird (was freilich noch kein hinreichendes Argument wäre), noch sie mit dem heute gültigen evolutionstheoretischen Wissen kompatibel zu machen ist. Einen von Mangelerfahrungen freien Urstand hat es nie gegeben. Als aber der Mensch aus dem symbiotischen Einssein mit der Natur erwachte, er ins Bewusstsein seiner Freiheit gelangte und nun erlernte, aus Freiheit zu handeln, kam – wer wollte das bestreiten – eine Spirale der Gewalt in Gang. Aber ist diese Gewalt schon Sünde? Dazu hätte es ja eines natürlichen, mit dem Erwachen der Freiheit mitgegebenen qualifizierten Gottesbewusstseins bedurft. Dies würde aber auf den Begriff von einem Menschen hinauslaufen, für den weder die historische Anthropologie noch die Religionswissenschaft Anschauungsmaterial liefern kann. Begriffe ohne Anschauung aber sollen nach Kant ja leer sein.

Die Gründe für die Erosion des Sündenbewusstseins sind

zu differenzieren. Die Abwanderung der Sündensprache in die Sprache der Werbung dürfte ganz wesentlich damit zu tun haben, dass es ein verbreitetes Unbehagen an der Sündenrhetorik gab und gibt. Was zuvor kleinmachte, macht nun Lust. Immer nur Sünder zu sein und dann nicht einmal verstehen zu können, wie und warum die Tat Adams als Verhängnis über einen selbst gekommen sein mag, sie einen schuldhaft belasten soll, verdirbt auf Dauer den Magen. Und sich dagegen zu wehren, nichts als Sünder zu sein, läuft noch lange nicht darauf, nur noch das Lüstchen für den Tag und das Lüstchen für die Nacht zu wollen, wie Nietzsche über den Menschen spottete, der nichts mehr will und nur noch alles belächeln kann. Als die Sünde total wurde, war eigentlich schon klar, dass die Empörung kommen musste. Oder aber man denkt sehr klein über den Menschen. Als aber das Paradigma einer universellen Sündenverfallenheit entfiel, um die Frage nach der Bedeutung des Kreuzestodes Jesu zu beantworten, wurde Jesus zu einem guten Menschen. Der Sühnetheologie war die Grundlage entzogen.

Das satisfaktionstheoretische Modell krankt aber auch noch an einem ganz anderen Punkt. Warum eigentlich, „wenn nicht aus dem schwer nachvollziehbaren Grund, daß es Gottes eigene Ehre verlangte, bedarf die Wiederanerkennung Gottes, die allerdings in die Verantwortung des Menschen fällt und seine Würde ausmacht, zuvor nicht etwa nur der die Sünde des Menschen richtenden und seine Freiheit aufrichtenden Offenbarung, sondern eben auch eines die frühere Schuld begleichenden Sühneaktes durch das Opfer des Lebens?" So hat Thomas Pröpper[7] die ganze Problematik der Logik Anselms pointiert auf den Punkt gebracht. Und ich stimme ihm zu. Warum soll, wenn überhaupt – auch diese Frage deutet sich ja schon an – mit der Möglichkeit der Sünde vor der Inkarnation gerechnet werden darf, Schuld also nicht nur Schuld, sondern immer auch Sünde ist, Gott nicht einfach so vergeben? Weil er sein Geschöpf unendlich liebt? Weil er zwar nicht darauf verzichten kann, dass es den Menschen reut, wenn die Freundschaft zwischen ihm und dem Menschen eine redliche sein soll, aber dies auch die einzige Bedingung für ihn ist? Warum soll Gott nicht auf jede Strafe verzichten, weil er es will? Weil er Gott ist und nicht ein Mensch, und auf seine freisetzenden Möglichkeiten vertraut, die dazu führen, dass Schuld eingestanden, Reue gezeigt und um Vergebung gebeten werden kann?

III.

Bevor ich dieser Frage nachgehe, erlaube ich mir eine kleine ‚glaubens‘diagnostische Bemerkung zur jüngeren Gegenwart. Die Situation ist eigentümlich. In katechetischen und liturgischen Kontexten, die (wenn ich mich nicht täusche) ‚individualistischer‘ werden, ist Gott zumeist nur noch lieb. Aber dass gleichzeitig die Satisfaktions- oder auch die Sündenrhetorik noch anecken würde, kann ich kaum beobachten. Ritualisierungen sind unvermeidbar, auch notwendig und sinnvoll. Aber sie können in Glaubensangelegenheiten auch zu Deintellektualisierungen beziehungsweise Schizophrenien führen. Man betet, und ich befürchte oftmals: ohne sich selbst zuzuhören, betet, was man nicht versteht – und vermutlich auch nicht glaubt. Von daher gibt es in der Tat eine Glaubenskrise. In modernen Gesellschaften kann dieser aber nur durch Bildungsprozesse begegnet werden, die auf Autonomie setzen. Wie aber kann vom Kreuz als Erlösung unter den Denkbedingungen der Gegenwart und im Anschluss an „die" Tradition gesprochen werden?

Es stehen längst andere Deutungsoptionen als die satisfaktionstheoretische offen. Wenn ich sage, Optionen, so ist zu begründen, dass es solche überhaupt geben kann – anders formuliert: Dass wir unausweichlich in einem Konflikt möglicher Interpretationen leben und zu begründen ist, warum welche gewählt wird. Das Argument lautet: Nie stand einfach fest, wie dieser Tod zu deuten ist und warum ihm Erlösung zukommen soll. Und deshalb kann auch die dominante Wirkung einer bestimmenden Traditionsbildung kein hinreichendes Argument für diese sein. Wenn Jan-Heiner Tück daran erinnert, dass es bei Jesaja der von allen verachtete und geschmähte Gottesknecht sei, der sein Leben als Sühneopfer hingebe, um „die Vielen" gerecht zu machen, „indem er ihre Schuld" trage, dann aber schreibt, die Frage, wie einer für die Sünden aller sterben könne, berühre „das Persongeheimnis Jesu, das wohl nur aus der Perspektive des Glaubens erschwinglich" sei[8], so scheint mir das Problem eher verdunkelt zu werden. Entscheidend bleibt doch, ob der Gedanke noch nachvollziehbar ist, dass Gott, um sich versöhnen zu können, ein Sühneopfer gebraucht hat. Das Unbehagen an dieser Vorstellung ist darüber hinaus keineswegs erst gegen Ende des 18. Jahrhunderts aufgebrochen, als ein Denken der Freiheit mit seinem Grundsatz unvertretbarer Autonomie aufbrach. So lässt sich bereits bei Johann Sebastian Bach in den Libretti seiner Passionswerke „eine Abkehr von dem strengen Satisfaktionsgedanken zugunsten der andächtigen Betrachtung der Erlösung"[9] beobachten; offensichtlich ging es Bach darum, die Perspektive auf die Bedeutung des Kreuzes neu zu öffnen. Dass in dieser Zeit noch keine Denkkategorien zur Verfügung standen, um sich – im Fall Bachs endgültig aus der lutherischen Orthodoxie – zu befreien, ist kein Argument dagegen, dass Bach offensichtlich erhebliche Schwierigkeiten mit der ihm überlieferten Sühnetheologie gehabt hat. Und zugestanden sei auch gerne, dass bei Bach Ambivalenzen auf der Textebene bleiben. Liest man aber den

Text der Matthäuspassion in seinem historischen Zusammenhang, liest man nicht über die Neuakzentuierungen hinweg, so zeigt sich: Wovon das „fromme Gemüt bewegt wird" und werden soll, „ist nicht der Gedanke an den stellvertretenden *Straftod* Jesu, sondern an seinen freiwilligen *Opfertod* aus Liebe."[10] Es wird neu akzentuiert. Die Betrachtung der Passion wird neu gelenkt durch den Vers: „Aus Liebe will mein Heyland sterben." Aber warum sucht diese Liebe das Kreuz? Lässt sich hier nicht eine auch theoretisch erschwinglich Perspektive erschließen, die sich konsequent von Anselm löst? Selbstverständlich wissend darum, dass auch diese Perspektive sich menschlich-theologischer Reflexion verdankt und sich nicht auf eine nochmals andere Instanz berufen kann, um so jede Unsicherheit, die den Prozess des Bestehens erschwert, beseitigen könnte?

Schon an der neutestamentlichen Zeit lässt sich jedenfalls das mühsame Ringen ablesen, dem Kreuzestod Jesu Bedeutung abzugewinnen. Was im Plural der Evangelien begegnet, sind theologische Interpretationen der berichteten Geschehnisse – nicht mehr, aber eben auch nicht weniger. Erinnerungen an den geschichtlichen Jesus wirken nach, die Erschütterung durch dessen Tod, der zunächst als Widerlegung all seiner Ansprüche gelten musste, ist gegenwärtig, wirksam aber vor allem der wie auch immer zustande gekommene Glaube daran, dass Gott diesen Menschen zu neuem Leben erweckt habe. Und er hat – so die Intuition, die sich in der Alten Kirche durchsetzte – nicht nur diesen Menschen zu neuem Leben erweckt, sondern sich zu dem bekannt, der sich und sein Leben in seiner konkreten Menschenzuwendung ganz von Gott her verstanden hatte, so dass gesagt werden kann: In der Logik des Glaubens hat Gott selbst sich *als* Mensch geoffenbart. Selbstoffenbarung aber meint, dass er sich in seinem Wesen erschlossen hat, als der, der ist und der er für den Menschen sein will.

Aus diesem Kern, der zugleich Grund des christlichen Glaubens ist, lassen sich soteriologische Konsequenzen ziehen, die keine sühnetheoretischen Reste mehr aufweisen und die Befremdlichkeit beseitigen, dass Erlösung „als Befreiung des Menschen von einer unendlichen Schuld und als Sühneleistung für einen in der Ausgleichslogik der Wiedergutmachung gefangenen Gott gedacht wird", eine Logik, die – so hat Eberhard Schockenhoff mit Nachdruck betont – „für den modernen Menschen inakzeptabel" sei.[11] Und zwar inakzeptabel aus Gründen. Wenn man zunächst mit einer kultur-evolutiven Menschheitsgeschichte rechnet, Kulturen und damit auch Religionssysteme als anthropologisch generiert begreift, so beendet in der Logik des österlichen Glaubens Gott seine eigene Strittigkeit. Wodurch? Dadurch, dass er sich selbst durch seine Menschwerdung in die Geschichte hinein auslegt, sich offenbar macht. Nur beiläufig erwähnt sei, dass Gott in dieser bestimmten Weise nur Mensch werden konnte, weil sich Israel auf den Gott des „Ich bin der, der ich für Euch da sein werde" (Ex 3,14) bereits ausgestreckt hatte. Worin besteht dann aber die Erlösung des Menschen?

Denkt man nicht mehr primär aus der Perspektive einer Schuld des Menschen, sondern aus der einer grundsätzlichen, in der Endlichkeitsstruktur des Menschen liegenden Erlösungsbedürftigkeit, dann darf gesagt werden: Da sich Gott als der offenbar gemacht hat, der ein unbedingtes Ja für den Menschen hat, wird er den Tod nicht das letzte Wort über den Menschen sein lassen. Daran muss in der Logik des Glaubens nicht mehr gezweifelt werden. Denn der, der Grund des Glaubens ist, hat dieses vorbehaltlose Ja bis ins Äußerste hinein, selbst noch in den Tod hinein bewährt, so jedenfalls die Hoffnung. Gottes Offenbarwerden ist (!) dann seine Erlösung.

Indessen ist der Mensch nicht nur erlösungsbedürftig aufgrund seiner Endlichkeit. In den Glaubenstraditionen Israels geht es um alles andere als um die Beruhigung einer satten Existenz. Es geht um Gerechtigkeit; es geht um Gerechtigkeit für Hiob, der durch keine menschliche Schuld leidet, und um Gerechtigkeit für die, die zu Opfern der menschlichen Freiheitsgeschichte wurden. Kann Gott diese aber gewinnen? Vermag er diesen Unzähligen die Tränen abzuwischen? Nur, wenn sie sich trösten lassen mögen. Aber vielleicht ist dies die größte Hoffnung des Glaubens, dass Gott eben dies gelingen wird. Zumal sich die Hoffnung ja daran klammert, dass es nicht irgendein Gott ist, der im ‚Gericht' erscheinen wird, sondern der Gott, der selbst zum Opfer dieser Freiheitsgeschichte wurde, Jesus, der dann im Glauben der Christen als der Christus bekannt wurde. Erwartet wird der Christus, der im Ringen um einen menschlichen Umgang, im Ringen darum, dass niemand aus gesellschaftlichen oder gar aus religiösen Gründen marginalisiert werde, und der sich entschieden einmischte in den Streit um die Wahrheit Gottes, der sich selbst als vollmächtiger Exeget dieses Gottes begriff, zum Hassobjekt wurde und endgültig in die Mühlen der Gewalt geriet, als er auch noch den Tempelkult[12] angriff. Sühne?

IV.

Gott sühnt in seiner Menschwerdung nicht die Sünde des Menschen, durch welche ein Paradies in einer Geschichte voller Missgunst und Unbarmherzigkeit, unendlicher Gewalt verkehrt worden wäre. Er leistet nicht stellvertretend an der Stelle des Menschen eine Genugtuung für die mangelnde Ehrerbietung. Sondern er wird Mensch, um seinem um des freien Menschen willen riskierten Schöpfungsentschluss treu zu bleiben. Wenn deshalb angesichts seiner belasteten Geschichte der Begriff der Sühne überhaupt noch verwandt werden soll, dann ist er – so mein Vorschlag im Anschluss an eine Überlegung von Ottmar Fuchs – radikal anders zu setzen. Gott leistet in der Menschwerdung die Satisfaktion für seine eigene Schöpfungstat, indem er sich als Sohn das zumutete, was er allen Menschen zumutet: Ein Leben, das nicht nur voller Schönheit und Lust sein kann, sondern auch ungeheure Abgründe bereithält. Wenn man so will, ‚sühnt‘ Gott sein riskantes Schöpfungswerk, und er gibt zugleich Hoffnung auf Zukunft. Denn der in diesem Glauben offenbar gewordene Gott ist als unendliche Liebe und Treue offenbar geworden. Dass dieser Gott auch Zorn kennt, ist nicht zu verschweigen. Es ist der Zorn gegenüber Engherzigkeit, Lieblosigkeit und Gewalt, die ihm, der Liebe ist, nicht gleichgültig sein können, ja die ihn selbst schmerzen müssen angesichts des Preises, den Menschen dafür zu zahlen haben.

Navid Kermani hatte in seiner Betrachtung den berüchtigten Golgotha-Schrei Jesu „Mein Gott, mein Gott, warum hast Du mich verlassen?" pluralisiert. Die Darstellung Renis ist unblutig, versucht so eine neue Interpretation freizugeben, abzulenken von der Satisfaktionstheorie. Und Kermani formuliert eine solche, neue Interpretation: „Reni verklärt nicht den Schmerz, den er nicht zeigt. Ihm gelingt, was andere Jesusdarstellungen behaupten: Er führt das Leiden aus dem Körperlichen ins Metaphysische über. Sein Jesus hat keine Wunden, keine Abzeichen der Striemen und Hiebe, ist schlank, aber nicht abgemagert. Selbst wo seine Hände und Füsse ans Kreuz genagelt sind, fliesst kein Blut. Wären die Nägel nicht, es sähe aus, als breite er die Hände zum Gebet aus. Er blickt in den Himmel, die Iris aus dem Weiss des Auges beinah verschwunden: Schau her, scheint er zu rufen. Nicht nur: Schau auf mich, sondern: Schau auf die Erde, schau auf uns. Jesus leidet nicht, wie es die christliche Ideologie will, um Gott zu entlasten, Jesus klagt an: Nicht, warum hast du mich, nein, warum hast du uns verlassen?"

Selbstverständlich bleibt für den Muslim Kermani Jesus ein Mensch, wenn auch ein prophetisch begabter, ist er für ihn nicht der Sohn Gottes. Wie ist dann aber zu verstehen, dass Kermani angesichts der Kreuzesdarstellung von Reni schreibt, „ich könnte an ein Kreuz glauben"? Deshalb, weil die Erfahrung, von Gott verlassen zu sein oder besser: sich selbst überlassen zu sein, keine helfende Hand Gottes zu verspüren gerade in der Situation größter Not, eine grundlegende menschliche Erfahrung zu sein scheint. Nicht dass Gott nicht da wäre. Diese Konsequenz ist nicht notwendig zu ziehen. Aber er greift nicht ein, lässt die Gewalt sich austoben.

Auch christologisch wird diese immer wieder von Menschen zu erduldende Erfahrung nicht aufgehoben. Dietrich Bonhoeffer hat kurz vor seiner Hinrichtung formuliert, dass „Gott selbst" uns zu der Erkenntnis „zwingt", „daß wir leben müssen als solche, die mit dem Leben ohne Gott fertig werden" müssen.[13] Und er liest diese, nochmals: von Gott selbst aufgezwungene Erfahrung nicht nur an den unzähligen Menschen ab, die diese machen mussten, sondern auch an Jesus, dem Grund des christlichen Glaubens. Er erinnert an dessen Verlassenheitsschrei, einen Schrei, der die ganze Not möglicher Gottverlassenheit in sich aufgesogen hat und sich dennoch hoffend an Gott richtet. „Gott", so schreibt Bonhoeffer, ist der, „ der mit uns ist" und „der uns verläßt (Markus 15,34)! Der Gott, der uns in der Welt leben läßt ohne die Arbeitshypothese Gott, ist der Gott, vor dem wir dauernd stehen. Vor und mit Gott leben wir ohne Gott. Gott läßt sich herausdrängen ans Kreuz, Gott ist ohnmächtig und schwach in der Welt und gerade so ist er bei uns und hilft uns."[14]

Ist in diesem Kreuz Erlösung? Was heißt dann „gestorben für unsere Sünden"? Sollte Jesus sich kurz vor der dramatischen Zuspitzung der Ereignisse in Jerusalem zu der Möglichkeit seines Todes verhalten haben, sollte er tatsächlich gewillt gewesen sein, sein Zeugnis von dem Gott, der er verkündet hatte, den er mit den Marginalisierten und Gescheiterten gelebt und ihnen zugesprochen hatte, notfalls auch noch mit dem Tod, mit seinem Blut zu bezeugen, so ist dieser Tod für uns und für unsere Sünde gewesen und damit unsere Erlösung. Denn angesichts dieses Lebens und dieses Todes und angesichts der Auferweckung Jesu gibt es keinen Grund mehr, noch einen Zweifel zu hegen, dass Gott alles tun wird, um das von ihm mit der Schöpfung Riskierte zu einem guten Ende zu führen. Gott hat sich in seiner Inkarnation endgültig offenbar gemacht. Das heißt, in seiner Hingabe und seiner Auferweckung liegt das Versprechen, dass Gott seiner Schöpfung in unbedingter Liebe die Treue halten wird. Angesichts dieses offenbaren Versprechens ist auch der Glaube endgültig möglich geworden – was mehr hätte Gott tun können, um unser Vertrauen zu ihm zu ermöglichen?

„Er ist gestorben für unsere Sünden" – ob diese Formel angesichts ihrer belasteten Rezeptionsgeschichte noch sinnvoll die Erlösungshoffnung des Menschen zum Ausdruck bringt, wenn der Sündenbegriff unter modernen Denkbedingungen neu gefasst wird, weil diese ernst zu nehmen sind, mögen andere entscheiden. Dass Jesus „für uns und für alle" gestorben ist, stimmt jedoch: Jesu Tod und seine Auferstehung führen uns die Endgültigkeit der Treue Gottes vor Augen, die sich bereits in der konkreten Menschenzuwendung Jesu zeigte. Die erste Erfahrung von Erlösung besteht wohl darin, sich auf diese einzulassen. Dem Menschen dieses Vertrauen zu ermöglichen, ist der Sinn des Kreuzes – ein Kreuz, das deshalb durch seinen Schrecken hindurch zum Symbol der Hoffnung werden konnte, weil Gott den „getöteten Zeugen seiner Liebe" (Thomas Pröpper) nicht dem Tod überließ. Es darf gehofft werden, dass keine Revolte Gott jemals davon abbringen wird, einen jeden Menschen mit dieser offenbar gewordenen grenzenlosen, alles riskierenden Liebe zu suchen.

Wenn Glaube auf einer freien Entscheidung zum zumindest anfänglich gefassten Vertrauen auf diesen Gott beruht, so kann Sünde nicht sein Gegenteil, kann nicht schlicht Unglaube sein. Denn Sünde als eine besondere Form der Schuld setzt voraus, dass der Sünder verantwortlich gemacht werden kann für sein Handeln, dass er anders hätte handeln können. Anders bedeutet hier: aus den Möglichkeiten heraus, die der Glaube, die das Sich-geliebt-Wissen durch Gott bietet. Wer aber kein Vertrauen aufbringen kann, in einer Angst steht, die Gott durch seine Freundschaft gerade aufzuheben versucht, kann vielleicht schuldig werden, nicht aber sündigen. Der Sündenbegriff gewinnt so an Klarheit – seine Anwendung wird gleichwohl umso schwieriger. Auch das schadet nicht. Denn wer vermag in den Grauzonen zu entscheiden, ob ein Mensch noch Verantwortung dafür trägt, dass er die Angst über sich bestimmen lässt, oder nicht? Für diejenigen, denen das Vertrauen immer wieder zwischen den Fingern zerrinnt, und diejenigen, die sündigen, steht das Ja, das Gott im Kreuz gesprochen hat.

Um sündigen zu können, muss man bereits an dem durch Gott selbst ermöglichten Offenbargewordensein partizipieren, das deshalb, weil es sich in seinem Geschehenscharakter an die Form der Geschichte bindet, zwangsläufig unzähligen Menschen verborgen bleibt. Die Nichtmöglichkeit des Glaubens ist dann von Gott selbst provoziert oder zumindest von ihm in Kauf genommen, weil er in der Freiheit des Menschen Gott für diesen sein will und deshalb eine sich durch Freiheit auszeichnende Geschichte braucht – so wie auch die Möglichkeit der Sünde von ihm eröffnet ist. Denn wer durch geschichtliche Vermittlung ein Selbst vor diesem Gott geworden ist, kann sündigen. Das *gestorben für* würde dann bedeuten, dass das zunächst von Gott provozierte Nichtwissen und dann die Abkehr von ihm, die sich dann wiederum in Engstirnigkeit und Lieblosigkeit dem anderen Menschen gegenüber auszeitigt, nicht das letzte Wort in der Geschichte zwischen dem offenbar gewordenen Gott und dem Menschen ist. Es ist in äußerster Weise erwiesen, dass dies nicht der Fall sein wird. Endgültig offenbar werden wird dies in der Logik des christlichen Glaubens im Endgericht, in dem der Partikularismus des Glaubens aufgehoben sein wird in ein universales Offenbargewordensein des einen Gottes. Sündigen zu können ist deshalb ein Geschenk Gottes, denn diese Möglichkeit existiert nur vor dem Hintergrund der immer noch größeren, treuen und den Menschen um jeden Preis suchenden Liebe Gottes.

Umso mehr aber werden das begangene Unrecht und Schuld dann beschämen. Denn angesichts des im Gericht begegnenden Antlitzes Christi wird definitiv einem jeden Menschen aufgehen, was die von Gott vom Menschen erhoffte Bestimmung war und ist, nämlich menschlich und so das von Gott ersehnte Ebenbild seiner selbst zu sein. Aber es bleibt auch dabei, dass dieses Gericht aufrichten will. In der hier vorgeschlagenen christlichen Glaubenslogik begegnet hier ein Gott, der sich in der Person des Sohnes selbst ans Kreuz hat drängen lassen, nicht um ein Sühneopfer für die Menschheit zu bringen, sondern um sich und in eins damit das offenbar zu machen, um was es ihm bereits im Anfang ging, nämlich Menschen für sich zu gewinnen. Dass Gott bereit war, dafür selbst in die Geschichte einzugehen, sich den Zumutungen seiner Schöpfung zu unterwerfen, um sich zumal denen zuwenden zu können, die des aufrichtenden Wortes am meisten bedürfen, die Schwachen und Marginalisierten, macht ihn vielleicht im Gericht so glaubwürdig, dass diese sich trösten lassen werden. Denn kann man sich vorstellen, dass sich die Geschundenen einem Gott verweigern werden, der sich nicht als der eschatologische deus ex machina erweist, sondern als ein bereits in der Geschichte streitender Gott, der dafür ein entsetzliches Schicksal erleiden musste? Niemand kann hier wissen. Denn wenn der Gott, der sich offenbar gemacht hat, auch noch im Gericht die Freiheit des Menschen achtet, so gehört das letzte Wort den Opfern. Aber man kann hoffen, dass dieser Gott doch noch zu erreichen vermag, dass Menschen sich trotz des Erlittenen versöhnen lassen. Und die Täter? Ist Gottes Liebe unbedingt, so gilt sie auch ihnen. Aber angesichts der von ihnen Gequälten, in deren Reihe auch Jesus steht, werden ihnen ihre Taten nun selbst zur Qual. Ohne Reue, ohne aufrichtige Bitte „Vergib mir!" wird nicht vergeben werden, weil nicht vergeben werden kann. Denn wenn im Gericht die Freiheit des Menschen geachtet wird, so gilt dies auch für die Schuldiggewordenen. Aber dass in diesem Gericht ein Gott begegnet, der alles versuchen wird, um auch noch die Täter zur Umkehr zu bewegen, ist im Glauben der Christen offenbar geworden durch das Geschehen von Leben, Kreuz und Auferweckung Jesu hindurch. „Aus Liebe will mein Heyland sterben", heißt es in Bachs Matthäuspassion. Könnte es sein, dass das fromme Gemüt sich reinigen sollte von den denkerisch kaum zu vermittelnden satisfaktionstheoretischen Resten des Erlösungsglaubens, um der Grenzenlosigkeit der Liebe Gottes ihren Platz in der Frömmigkeit einzuräumen? Einer Frömmigkeit, die der menschlichen Freiheit um der Würde der Freiheit willen zum Prinzip ihres Glaubens macht und auch aus theologischen Gründen nicht darauf verzichten kann, weil der Glaube an das Selbstoffenbargewordensein Gottes als die den Menschen in seiner Freiheit suchenden Liebe dazu auffordert, die menschliche Freiheit als Autonomiefreiheit anzuerkennen?

V.

Was bedeutet ein solches Verständnis von Erlösung bezogen auf die Gegenwart? Wer dies zu glauben vermag, dessen Leben verändert sich bereits jetzt. Er weiß um das Geschenk, autonom leben zu dürfen, verschweigt auch die damit verbundenen Nöte nicht, klagt die Ungerechtigkeit an, aber: Er wird zugleich gelassen, ohne weltflüchtig zu werden. Sünde ist dann, im lebendigen Bewusstsein dieses Gottes und den sich damit eröffnenden Möglichkeiten, nämlich im Vertrauen auf diesen Gott über den eigenen Schatten springen zu können einerseits und nicht der Selbstüberforderungslogik zu erliegen andererseits, doch wieder allzu menschlich kleingläubig zu werden, sich wieder von der Angst bestimmen zu lassen. Aber man kann auch fragen, wer sich schon freiwillig von der Angst bestimmen lässt. Verliert sich dann nicht der Grund der Sünde doch wieder in ein Dunkel? Sie muss freiheitsursprünglich sein, um nicht zum unausweichlichen Geschick des Menschen erklärt zu werden, und gleichzeitig scheint der Möglichkeitshorizont der Freiheit begrenzt zu sein. Eine abschließende Antwort auf das Warum darf deshalb nicht mehr gegeben werden. Denn entweder man wird ungnädig gegenüber der Realität menschlicher Freiheit, verkennt deren Nöte und Begrenzungen, oder aber man läuft in die Falle einer Erbsündenlehre, welche den Zusammenhang zwischen Sünde und Freiheit auseinanderriss und damit faktisch auf einen Determinismus hinauslief.

Immer aber gilt: Was Paulus bezogen auf das moralisch Böse beschrieben hat (das er wohl mit der Sünde gleichsetzte), gilt auch für die Sünde: Faktisch sündigt ein jeder, der glaubt, auch wenn man immer wieder neu versucht, sein Leben ganz aus den Möglichkeiten der liebenden Zusage Gottes zu gestalten. Jedenfalls verbietet sich wie im

Bereich der Schuld auch im Fall der Sünde jedes über-
griffige Moralisieren, das meint, zu wissen, was den anderen Menschen innerlich bestimmt – ihn immer wieder
zweifeln lässt, obwohl er doch wohl glauben und das heißt
sein Leben aus dem Möglichkeitshorizont des Gottes gestalten möchte, aus dem Glauben an den Gott, der ein unbedingtes Ja für den Menschen hat, das diesen bereits jetzt
entlastet, ihn gerechtfertigt sein lässt.

Anmerkungen

[1] N. Kermani, Bildansichten: Warum hast Du uns verlassen?, zuletzt
aufgerufen:http://www.nzz.ch/aktuell/startseite/warum_hast_du
uns_verlassen_guido_renis_kreuzigung-1.2195409. Der hier vorgelegte Beitrag stellt eine erweiterte Fassung meiner Überlegungen
dar, die in der Katholischen Akademie in München Anfang 2012 vorgetragen wurde. Vgl. die Publikation zur debatte 3/2012.

[2] E. Bloch, Atheismus im Christentum. Zur Religion des Exodus und
des Reichs, Reinbek 1970, 160.

[3] Vgl. K. Flasch, Logik des Schreckens: De diversis quaestionibus ad
Simplicianum 12. Die Gnadenlehre von 397. Augustinus von Hippo.
Dt. Erstübers. von Walter Schäfer. Hrsg. und erklärt von Kurt Flasch.
Mainz [2]1995.

[4] Anselm von Canterbury, Cur Deus homo?. Lateinisch-deutsch. Ed.
Von F. S. Schmitt, Darmstadt 1956, 71.

[5] Vgl. H. Blumenberg, Die Legitimität der Neuzeit. Teil 2: Theologischer Absolutismus und humane Selbstbehauptung, Frankfurt
[2]1988, bes. 151f.

[6] H. Kessler, Die theologische Bedeutung des Todes Jesu. Eine traditions-
geschichtliche Untersuchung, Düsseldorf 1970, 331. Die Studie von
Kessler hat meines Erachtens bis heute nichts an Bedeutung verloren.

[7] Th. Pröpper, Erlösungsglaube und Freiheitsgeschichte. Eine Skizze zur
Soteriologie, München [3]1991, 78f.

[8] J.-H. Tück, Am Ort der Verlorenheit. Zur rettenden und erlösenden
Kraft des Kreuzes Jesu Christi, in: zur debatte 2 (2012) 23.

[9] E. Axmacher, „Aus Liebe will mein Heiland sterben". Untersuchun-
gen zum Wandel des Passionsverständnisses im frühen 18. Jahrhundert (= Beiträge zur theologischen Bachforschung; 2), Neuhausen/
Stuttgart 1984, 162. Die Autorin weist präzise nach, dass Bach sehr
bewusst Einfluss auf die Libretti genommen hat. Offensichtlich war
ihm die Problematik der klassischen Satisfaktionstheorie klar. Vgl.
217f.

[10] Ebd., 177f.

[11] E. Schockenhoff, Erlöste Freiheit. Worauf es im Christentum ankommt, Freiburg u. a. 2012, 58.

[12] Vgl. L. Oberlinner, Todeserwartung und Todesgewißheit Jesu, Stuttgart 1980.

[13] D. Bonhoeffer, Widerstand und Ergebung. Briefe und Aufzeichnungen aus der Haft (= DBW; 8), Gütersloh 1998, 533.

[14] Ebd., 533f.

Am Ort der Verlorenheit

Ein Zugang zur rettenden und erlösenden Kraft des Kreuzes

Jan-Heiner Tück, Wien

> Wohin wir uns stellen müssten, da hat er sich
> hingestellt. Auf diesen Punkt.
> *Charles Péguy*

Der Hinweis, der heutige Mensch könne mit dem Erlösungsglauben nicht mehr viel anfangen, ist gegenwärtig auch
unter Theologen verbreitet, obwohl er ebenso suggestiv
wie problematisch ist. Suggestiv ist er, weil es „den heutigen Menschen" nicht gibt und Menschen nicht so homogen
denken, fühlen und glauben, wie bei solchen Wendungen
unterstellt wird. Unter den heutigen Menschen gibt es sehr
wohl solche, die gerne glauben, durch Jesus Christus, den
auferweckten Gekreuzigten, erlöst zu sein. Sie sind dank-
bar, von dem Zwang befreit zu sein, sich selbst erlösen zu
müssen. Aber es gibt auch solche, die damit Schwierigkeiten, beträchtliche Schwierigkeiten, haben. Der generalisie-
rende Hinweis auf den heutigen Menschen und sein Unvermögen, an die rettende und erlösende Kraft des Kreuzes
zu glauben, ist aber auch problematisch, weil er großzügig
übergeht, dass der heutige Mensch nicht der erste ist, der
die Bühne der Geschichte betreten hat. Vor dem heutigen
Menschen haben Generationen von Menschen gelebt und
gewirkt, denen der Glaube an den auferweckten Gekreuzigten viel, ja alles bedeutet hat – so viel, dass sie sogar bereit
waren, ihn durch den Einsatz ihres Lebens zu bezeugen.
Muss sich der „heutige Mensch" – oder eine Theologie, die
in seinem Namen zu sprechen meint – nicht irritieren las-

sen durch die Tatsache, dass Generationen von Menschen an Christus, den Gekreuzigten, geglaubt haben? Hat diese Glaubensgeschichte nicht einen beachtlichen Chor an Stimmen hervorgebracht, die es zu hören lohnt, wenn man der Gegenwart und ihren Plausibilitäten nicht distanzlos verfallen will? Statt die Schwierigkeiten und Verlegenheiten mit dem Erlösungsglauben im Namen des heutigen Menschen theologisch zu verdoppeln und möglicherweise vorschnell den Abschied von einer Soteriologie zu fordern, die das stellvertretende Sterben Jesu Christi zur Geltung bringt, lohnt es sich allemal auf das vielstimmige Zeugnis der Tradition zurückzukommen. „Was Generationen lebendig tradiert haben, können nicht bloß Hirngespinste gewesen sein, davon zeugen allein schon die kraftvollen Blasphemien, die diese wahrhaft unerhörten Begebenheiten immer wieder provozieren."[1]

I.

Das Bekenntnis, dass Christus für uns und unsere Sünden gestorben ist (1 Kor 15,3; Röm 5,8; 1Thess 5,10), ist jedenfalls so alt wie das Christentum selbst. Es begegnet bereits im vorpaulinischen Traditionsgut und bildet die „innere Achse aller soteriologischen Aussagen"[2] des Neuen Testaments. Doch schon Paulus sprach davon, dass die Botschaft vom Gekreuzigten den Juden ein Ärgernis und den Griechen eine Torheit sei, nicht ohne hinzuzusetzen, dass es den Berufenen Gottes Kraft und Gottes Weisheit ist (vgl. 1 Kor 1,23f). Das Motiv der rettenden und erlösenden Kraft des Todes Jesu wird in der Schrift in unterschiedlichen Bildern und Vorstellungsmodellen bezeugt, die von Loskauf aus Sünde und Tod, Rechtfertigung, Rettung, Heil, Opfer und Erlösung sprechen. Das Motiv der rettenden und erlösenden Kraft des Sterbens Jesu wird aber auch von der theologischen Tradition vielstimmig aufgenommen. Es zieht sich wie ein roter Faden durch von den Kirchenvätern an über Anselm von Canterbury, Thomas von Aquin und Martin Luther[3] bis hin zu Karl Barth und Hans Urs von Balthasar.[4] Man wird den Epochen übergreifenden Faden dieser Tradition nicht leichtfertig abschneiden dürfen, sondern aufnehmen und weiterspinnen müssen. Das schließt Kritik an den einzelnen Gestalten der theologischen Überlieferung selbstverständlich nicht aus.

Über Schrift und Tradition hinaus ist die Liturgie eine wichtige Quelle der Theologie, von der sie sich nur zu ihrem eigenen Schaden abkoppelt. In der Liturgie aber wird das Paschamysterium Jesu Christi als Quelle des Heils vergegenwärtigt (vgl. *Sacrosanctum Concilium* 5f, 61) – im Wort der Verkündigung wie in den Sakramenten, vor allem der Eucharistie, in der sich die *communio* mit dem auferweckten Gekreuzigten verdichtet. Die um seine Mitte versammelte Gemeinde spricht: „Lamm Gottes, du nimmst hinweg die Sünde der Welt, erbarme dich unser" (vgl. Joh 1,19). Der Einspruch, Liturgiesprache und Lebenswirklichkeit der Menschen seien längst auseinandergefallen, das Sündenbewusstsein sei weithin weggebrochen und der Erlösungsglaube entsprechend verdunstet, trifft partiell sicher zu[5] und ist daher Anstoß für vertiefte theologische Überlegungen. Zugleich wirft er jedoch die Gegenfrage auf, ob die Lebenswirklichkeit des heutigen Menschen das alleinige Kriterium für die Umgestaltung der Liturgie sein kann oder nicht umgekehrt auch die Liturgie mit ihrem Ruf zur Umkehr und Erneuerung die Lebenswirklichkeit des heutigen Menschen umgestalten sollte. Der Hinweis jedenfalls, viele Gläubige wüssten nicht, was sie tun, wenn sie beten, ihre Frömmigkeitspraktiken könnten zu „Deintellektualisierungen", wenn nicht gar „Schizophrenien"[6] führen, erscheint mir überzogen und enthält vielleicht doch „ein Quäntchen zu viel Vernunftstolz" (Jürgen Habermas). „Der kümmerliche Mann, der im Hochamt nichts will, als seinem Gott den schuldigen Dienst erfüllen; das zusammengeschaffte Weib, das herkommt, um in ihrer Last ein wenig erleichtert zu werden; die vielen, die dürren Gemütes sind und [...] Kraft suchen für ihre tägliche Mühsal – sie alle wissen mehr vom eigentlichen Wesen der Liturgie als der Kenner."[7] Das altkirchliche Axiom *lex orandi – lex credendi* erinnert überdies daran, dass das liturgische Gebet die Ausdrucksform des gemeinsamen Glaubens ist[8], und hält die Einsicht wach, dass die liturgische Feier der eigentliche Ort ist, „an dem sich die ganze Kirche in der Einheit aller ihrer Instanzen (von der Schrift bis zum Gedächtnis der eigenen Geschichte) zusammenfasst und die erlebte Wirklichkeit als angebotenes Heil in Christus durch den Heiligen Geist erfährt"[9].

Schließlich ist die Botschaft vom Kreuz auch im ökumenischen Gespräch wichtig. Im Hintergrund der Rechtfertigungslehre Luthers steht eine forcierte *theologia crucis*, die auf das Motiv des fröhlichen Wechsels abhebt: Christus, der ohne Sünde ist, tritt an die Stelle der gottlosen Sünder, um sie gerecht zu machen (vgl. 2 Kor 5,21; Gal 3,13). Luther selbst hat das poetisch in den Liedvers gebündelt: „Jesus Christus, Gottes Sohn / an unserer Statt ist kommen" (WA 35,443,21f). Das Bekenntnis, dass Christus für uns und unsere Sünden gestorben ist, findet sich also in Schrift und Tradition, es ist im liturgischen Gebet der Kirche präsent und bildet eine ökumenische Brücke zur reformatorischen Tradition, wie nicht zuletzt die „Gemeinsame Erklärung zur Rechtfertigungslehre" gezeigt hat.

II.

Der Glaube an die rettende und erlösende Kraft der Passion Jesu versteht sich allerdings nicht von selbst, er muss je neu angeeignet werden. Schon in der frühen Aufklärung sind Kategorien wie ‚Sühne‘, ‚Opfer‘ und ‚Genugtuung‘ problematisch geworden. Die kreuzestheologische Engführung des Erlösungsdenkens auf den Spuren der anselmschen Satisfaktionstheorie wurde durch das neue Interesse am Leben Jesu, seiner Verkündigung und sittlichen Praxis, aufgebrochen. Pädagogische Begriffe, die Jesus als Erzieher, Lehrer und moralisches Beispiel würdigen, wurden im Zeitalter der Vernunftreligion und der ethischen Selbstvervollkommnung bevorzugt. Auch heute gibt es Stimmen, die in der Preisgabe von Begriffen wie ‚Sühne‘, ‚Opfer‘ und ‚Genugtuung‘ einen theologischen Freiheits- und Humanitätsgewinn sehen. Es stehen gravierende Einsprüche im Raum, von denen ich drei nennen und kritisch diskutieren möchte:

Da ist zunächst der *Sadismusverdacht*, Gott selbst habe das blutige Opfer des Sohnes gefordert, um sich mit der sündigen Menschheit versöhnen zu lassen. Die Religionskritik hat diesen Einspruch in unterschiedlichen Varianten vorgetragen. Friedrich Nietzsche sprach von Gott als „ehrsüchtigem Orientalen"[10], Ernst Bloch vom „Kannibalen im Himmel"[11] – und bei Botho Strauß findet sich neuerdings die eigenwillige Figur einer Selbstbesänftigung Gottes: „Und da nun der eifernde Gott sich leerte, indem er den Menschsohn aus sich entließ, war's ihm ein Mittel zur eigenen Besänftigung. Andernfalls wäre der Allmächtige gegen die Völker in seinem Eifer zerborsten, und sie wären allesamt an stachligem Schöpferstaub erstickt. So aber erhielt er sich durch Entäußerung und Wandel in Liebe."[12]

Da ist weiter der Einspruch, der bei der *sittlichen Unvertretbarkeit* des Individuums ansetzt. Die Sündenschuld ist, wie Kant deutlich macht, „keine transmissible Verbindlichkeit, die etwa, wie eine Geldschuld …, auf einen anderen übertragen werden kann, sondern die *allerpersönlichste* …, die nur der Strafbare, nicht der Unschuldige …

tragen kann"[13]. Das moderne Subjektdenken betont, dass es in Fragen der Moral keine Stellvertretung geben kann. Damit steht das Problem im Raum, ob das autonome Subjekt auf seinen moralischen Hypotheken sitzen bleibt, ob es am Ende, wenn jede Form von Fremderlösung ausgeschlossen wird, als Gefangener seiner eigenen Schuld zu betrachten ist. Bernd Janowski hat jedenfalls die Frage gestellt, „ob die neuzeitlichen Subjektivitäts- und Moralauffassungen zum Maßstab für die gegenwärtige Tauglichkeit bzw. Untauglichkeit der biblischen Stellvertretungsaussagen zu machen sind. Bevor das Wort ‚Stellvertretung' auf ‚eine schwarze Liste verhängnisvoller theologischer Begriffe' gesetzt wird, sollten die biblischen Stellvertretungsaussagen erst einmal in ihrer Eigenbedeutung zur Geltung gebracht werden."[14]

Da ist schließlich der Einspruch, die *Sündenfixierung* der klassischen Theologie habe den Erlösungsglauben halbiert und das Leid der Opfer nicht hinreichend wahrgenommen. Jesu Blick aber habe zunächst den Leidenden gegolten, dann erst den Sündern. Diese Sensibilität für die Leidenden müsse in einer „Mystik der offenen Augen"[15] (Johann Baptist Metz) neu eingeübt werden, um eine solidarische Praxis freizusetzen, welche Unterdrückungsstrukturen aufdeckt und überwindet.

Eine hermeneutische Aneignung des christlichen Erlösungsglaubens kann diese Einsprüche nicht ignorieren. Sie kann sie aber auch nicht ungeprüft übernehmen. Ich unterziehe daher die Einsprüche zunächst einer kritischen Prüfung, bevor ich ein Deutungsangebot vorlege, wie die rettende und erlösende Kraft des Kreuzes Jesu Christi heute verständlich gemacht werden kann.

III.

Der erste Einspruch, Gott habe das blutige Opfer seines Sohnes nötig gehabt, um in seinem Zorn gegen die Sünde beschwichtigt zu werden, läuft auf eine Karikatur des christlichen Erlösungsglaubens hinaus. Der Einspruch mag auf der Linie religionsgeschichtlicher Opfervorstellungen liegen, die von dem Grundsatz ausgehen, eine erzürnte Gottheit müsse durch menschliche Gaben gnädig gestimmt werden.[16] Dieser Grundsatz wird in den biblischen Schriften aber gerade nicht bestätigt, sondern radikal umgekehrt. Nicht der Mensch bringt Gott Gaben und Opfer dar, um ihn zu versöhnen; Gott selbst ist es, der die Gabe der Versöhnung gewährt. Das ist die *Inversion des Opfergedankens.* Die theozentrische Initiative des Heils wird, wie die Studien Bernd Janowskis[17] gezeigt haben, schon im Alten Testament durchgängig bezeugt: Gott braucht und empfängt nichts, sondern er selbst bietet den unter ihrer Sünde leidenden Menschen in rituellen Vollzügen Sühne an, wobei das biblische Sühneverständnis nicht der Äquivalenzlogik von Schuld und Strafe folgt. Das Neue Testament nimmt die theozentrische Perspektive auf, wenn es betont: „*Gott* hat die Welt so sehr geliebt, dass er seinen einzigen Sohn gab, damit jeder, der an ihn glaubt, nicht zugrunde geht, sondern das ewige Leben hat" (Joh 3,16). „*Gott* hat seine Liebe zu uns dadurch erwiesen, dass Christus für uns gestorben ist, als wir noch Sünder waren" (Röm 5,8f). Oder: „Ist *Gott* für uns, wer ist dann gegen uns? *Er* hat seinen eigenen Sohn nicht verschont, sondern ihn für uns alle dahingegeben – wie sollte er uns mit ihm nicht alles schenken?" (Röm 8,31f.) In der Selbsthingabe des Sohnes zeigt sich die Liebe Gottes, die „für uns" bis ins Äußerste geht.

Zugleich ist dem Sadismusverdacht gegenüber zu betonen, dass Jesus von Nazareth *freiwillig* sein Leiden auf sich genommen hat, wie schon Anselm in *Cur Deus homo* immer wieder betont. Jesus Christus ist nicht das willenlose Instrument in der Hand des Vaters, das bloße Exekutivorgan der Heilspläne Gottes. Er tut, was er tut, in freier Entsprechung zum Willen des Vaters. Dem Vater aber muss eine gewisse Mitbetroffenheit am Leiden des Sohnes zugesprochen werden, wenn die Vorstellung vom apathischen Zuschauergott im Himmel vermieden werden soll. *Ipse pater non est impassibilis,* sagt Origenes.[18] *Impassibilis est Deus, sed non incompassibilis,* führt Bernhard von Clairvaux das Motiv weiter.[19] Die Übernahme des philosophischen Axioms der Leidensunfähigkeit und Unveränderlichkeit erfolgte bei den Kirchenvätern in der Absicht, die anthropomorphe Rede von leidenschaftlichen Göttern abzuwehren und jedes unfreiwillige Widerfahrnis vom Gottesbegriff fernzuhalten. Der Patripassianismus, der Gott, den Vater, selbst direkt in die Passion auf Golgotha verwickelt, wurde verurteilt, zugleich musste die Rede von der Leidensunfähigkeit und Unveränderlichkeit Gottes, des Vaters, aber doch vorsichtig modifiziert werden, um den geschichtlichen Selbsteinsatz Gottes auf Golgotha theologisch aussagen und zur Geltung bringen zu können.

Christus, das inkarnierte Wort Gottes, ist Opfer von Unrecht und Gewalt im Sinne von *victima*. Er wird verraten, verurteilt, gefoltert und ans Kreuz geschlagen. Er stirbt mit einem Schrei der Gottverlassenheit und steht als passives Opfer von Gewalt an der Seite der Geschlagenen. Zugleich gibt er sein Leben freiwillig hin und vollzieht so bewusst ein Opfer im Sinne von *sacrificium*. Sein Opfer ist *Selbst*opfer, ihm wohnt ein reflexives Moment inne, insofern es freiwillig in Entsprechung zum Willen des Vaters vollzogen wird. Jesus weicht dem Kreuz nicht aus, er hält seine Sendung in Treue bis zum Ende durch. Die „gewaltige Gewaltlosigkeit" Jesu (Gotthard Fuchs) beantwortet die Gewalt von außen nicht mit Gegengewalt, sondern liefert sich wehrlos dem Treiben der Menschen aus, die seine Botschaft nicht ertragen und ihn gewaltsam ans Kreuz bringen.[20] Die Gebets- und Willensgemeinschaft, um die Jesus im Garten von Getsemani noch einmal gerungen hat, führt daher die mythologische Vorstellung eines grausam opfernden Vaters und eines wider Willen geopferten Sohnes ad absurdum.[21]

IV.

Gewichtiger als der Sadismusverdacht ist der zweite Einspruch, für das moderne Subjektdenken sei die Rede vom stellvertretenden Sühnetod nicht mehr nachvollziehbar, da in Fragen der Moral der Grundsatz der Unvertretbarkeit der Person gelte. Halten wir zunächst fest, dass der Begriff ‚Stellvertretung' unterschiedlich verwendet wird. Im sozialen Bereich kann eine Person durch eine andere vertreten werden. Durch die Vertretung wird sie gerade nicht ersetzt, vielmehr wird ihr die Stelle freigehalten. Stellvertretung ist hier ein zeitlich befristeter und funktionaler Vorgang. In einer arbeitsteiligen Gesellschaft sind wir alle darauf angewiesen, dass andere für uns Aufgaben übernehmen, die wir selbst nicht tun können. Stellvertretung ist eine Spielform sozialer Interaktion. In der Weltliteratur ist darüber hinaus immer wieder der äußerste Selbsteinsatz für einen anderen Menschen zum Thema geworden. Schon bei den griechischen Tragikern begegnet etwa die Gestalt der Alkestis, die bereit ist, stellvertretend für ihren geliebten Mann Admet in den Tod zu gehen, um ihn zu retten. Das Thema findet sich in Variationen bis in die Gegenwart hinein. Das Zeugnis des Maximilian Kolbe zeigt, dass es über den Bereich der literarischen Fiktion hinaus sogar das Eintreten für den fremden Anderen bis in den Tod hinein gibt.

In den biblischen Schriften hat Stellvertretung das Gottesverhältnis des Menschen im Blick und meint die ganze Person. Es lassen sich mehrere Dimensionen von Stellvertretung unterscheiden.[22] Zunächst ist der Mensch als Ebenbild Gottes (Gen 1,26f) Repräsentant des Schöpfers. Er vertritt Gott als Sachwalter über die Schöpfung. Sodann gibt es Stellvertretung als fürbittendes Gebet für die anderen. Abraham ringt mit Gott, er möge Sodom doch nicht vernichten, wenn neben den Ruchlosen nur wenige Gerechte in der Stadt zu finden sind (vgl. Gen 18,22–33). Mose tritt vor Gott für das Volk ein, das den Bund gebrochen hat. Er will für die Sünde der Israeliten „Sühne erwirken" und bietet an, stellvertretend aus dem Buch des Lebens gestrichen zu werden (Ex 32,32). Auch bei den Propheten findet sich das interzessorische Gebet für andere – ein Motiv, an das Paulus anknüpft, wenn er schreibt, er möchte „selber verflucht und von Christus getrennt sein" um seiner Brüder willen (vgl. Röm 9,3). Weiter gibt es den Ritus des Versöhnungstages (vgl. Lev 16,22), der wohl am ehesten an eine magische Ersatzleistung erinnert. Aber auch hier ist es Gott, der das Sühneritual anbietet und den Menschen Versöhnung gewährt. Der Priester überträgt durch einen Gestus der Handaufstemmung die Sündenmaterie auf einen Bock, der in die Wüste geschickt wird. Als Repräsentant des Volkes spricht er zugleich ein Sündenbekenntnis. Die Gemeinschaft der Sünder identifiziert sich mit dem Bock, an dessen Stelle eigentlich sie selbst stehen müsste. Ohne persönliche Umkehr und Reue gibt es für die, die sich vertreten lassen, keine Versöhnung (Lev 16,21). Das Ritual ist demnach keine magische Ersatzhandlung, es bezieht die Akteure mit ein und zielt auf deren Verwandlung. Sie sind persönlich aufgerufen, als Versöhnte die Gerechtigkeit Gottes auch im sozialen Handeln praktisch werden zu lassen. Schließlich begegnet bei Deuterojesaja das vierte Gottesknechtslied (Jes 52,13–53,12), das eine Neuinterpretation des Leidens bietet, ohne auf kultische Zusammenhänge zurückzugreifen. Im Schema des Tun-Ergehen-Zusammenhangs war Leiden ein klares Indiz für begangenes Unrecht. Wem es schlecht ging, der hatte sich offenbar Schuld zugezogen. Wohlergehen war demgegenüber ein Indiz für eine gottwohlgefällige Lebensführung. Dass ein Gerechter leidet, war in diesem Schema nicht vorstellbar, wie die Reden der Freunde Hiobs zeigen. Bei Deuterojesaja nun begegnet das Motiv der *passio iusti* mit der soteriologischen Pointe, dass das Leiden des einen Gerechten den Vielen zugutekommt. Der von allen verachtete und geschmähte Gottesknecht ist es, „der sein Leben als Sühnopfer hingibt" (Jes 53,10) und die Vielen gerecht macht, indem er ihre Schuld trägt.

Alle genannten Dimensionen von Stellvertretung sind im Neuen Testament aufgenommen und christologisch umgeschmolzen worden. Christus ist die „Ikone des unsichtbaren Gottes" (Kol 1,15, vgl. 2 Kor 4,4), er vertritt Gott bei den Menschen und die Menschen vor Gott: Er ist der „Mittler" (1 Tim 2,5). Er ist zugleich der, der in seinem Leben die Gottes- und Nächstenliebe nicht nur verkündet, sondern auch praktisch bewährt. Noch sterbend tritt er für seine Peiniger ein, wenn er ruft: „Vater, vergib ihnen, denn sie wissen nicht, was sie tun" (vgl. Lk 23,34). Als Erhöhter fungiert er als Anwalt für die Seinen, wenn er vor Gott für sie eintritt (vgl. Hebr 7,25). Auch die Vorstellung vom Sühneritus wird kultmetaphorisch auf Christus bezogen, wenn es bei Paulus heißt: „Ihn hat Gott öffentlich hingestellt als Sühnestätte (*hilasterion*)" (Röm 3,25) – als „Gnadenstuhl", wie Luther übersetzt. Der Ort der versöhnenden Gegenwart Gottes ist nun ein für alle Mal im Gekreuzigten aufgerichtet, in seinem Blut hat Gott die Sünden gesühnt. Gegen den kulttypologischen Vergleich von Lev 16 und Röm 3,25 ist eingewandt worden, Jesus könne nicht zugleich der Sühnedeckel und das Opfer sein. Aber die Kritik dürfte insofern zu kurz greifen, als es Paulus um das Motiv der heilenden Gegenwart Gottes geht: was die Sühnestätte im Versöhnungsritual Israels gewesen ist, das ist auf Christus, den Gekreuzigten, übergegangen.[23]

Schließlich gibt es im Neuen Testament einen Strang von Stellen, welche die Gottesknechtstradition auf den Gekreuzigten beziehen (1 Kor 15,3; Lk 24,25ff). Schon Jesus selbst dürfte sie herangezogen haben, um seinen bevorstehenden Tod im Rahmen seiner Botschaft vom eschatologischen Anbruch der Gottesherrschaft zu deuten (Mk 10,45; Mt 20,28). Sein Dasein für andere, die proexistente Haltung seines Lebens, verdichtet sich in den Zeichenhandlungen beim letzten Abendmahl. Das gebrochene Brot – sein Leib, für uns gegeben –, der eine Kelch – sein Blut, für uns vergossen – werden allen gereicht. Selbst wenn es unmöglich ist, den genauen Wortlaut der Abendmahlsüberlieferung zu rekonstruieren, wird durch die innovative Zeichenhandlung doch deutlich: die Proexistenz, die das Leben Jesu geprägt hat, soll auch im Sterben bewährt werden. So dürfte Jesus beim letzten Abendmahl seinem bevorstehenden Tod auf der Linie des Vierten Gottesknechtslieds einen heilsmittlerischen Sinn zugesprochen haben.

Eine solche Deutung des Todes Jesu sieht sich allerdings mit dem Einwand konfrontiert, Jesus habe die *bedingungslose Vergebungsbereitschaft* Gottes ins Zentrum seiner Botschaft von der nahegekommenen Gottesherrschaft gerückt; es sei daher unmöglich, dass er das Heil am Ende doch an die *Bedingung eines Sühnetodes* geknüpft habe. Exegeten wie Helmut Merklein haben den vermeintlichen Widerspruch so aufgelöst, dass sie von einer inneren Entwicklung im Denken Jesu ausgingen. Dessen Verkündigung vom Anbruch der Gottesherrschaft sei vom damaligen Israel mehrheitlich abgelehnt worden. Diese Ablehnung habe Jesus zur Kenntnis genommen und sein Geschick zunächst auf der

Linie der Gottesboten der vorangegangen Heilsgeschichte gedeutet (vgl. Mt 23,37f; Lk 13,34f). Um angesichts seines bevorstehenden Todes die Botschaft vom nahegekommenen Heil dennoch aufrechterhalten zu können, habe Jesus dann auf das vierte Lied vom leidenden Gottesknecht als „kongeniales Interpretament"[24] seines Geschicks zurückgegriffen. Dieser Rückgriff sei aus der Einsicht erfolgt, dass nach der Ablehnung des Heilsangebots nur der Weg der stellvertretenden Sühne übrigbleibe, um Israel den Zugang zum Heil doch noch zu ermöglichen. Die paulinischen Briefe nehmen das Motiv auf, um die Theologie der Rechtfertigung des Sünders aus dem Glauben zu fundieren.

V.

Der dritte Einspruch richtet sich gegen die Halbierung des soteriologischen Diskurses auf die Rede von der Erlösung von Sünde und Schuld. Das Unbehagen an einem „Sündenabsolutismus", der die Menschheit als verdammungswürdige Masse betrachtet, aus der Gott nur wenige erwählt, ist seit Beginn der Neuzeit immer wieder artikuliert worden. Die biblische Lehre vom Unvermögen des Menschen, aus eigener Kraft gut zu sein, und die Botschaft von der Gnade Gottes wurden bei Calvin, aber auch im Jansenismus in einer strafrichterlichen Terminologie ausformuliert. Demnach kann der Mensch als unverbesserlicher Sünder dem strafenden Gericht nur entkommen, wenn er Anteil gewinnt an den Verdiensten Christi, die dieser durch sein genugtuendes Kreuzesopfer erworben hat und die Gott den einen unverdientermaßen anrechnet, den anderen aber nicht. Die Abkehr von einem solchen Willkürgott, der wenige erwählt und viele dem Unheil überantwortet, ist von Hans Blumenberg als „Akt der humanen Selbstbehauptung" gedeutet worden.[25] Auch in der behutsameren und historisch wohl differenzierteren Rekonstruktion durch Charles Taylor wird die Abkehr vom Heilspessimismus als wichtiger Aspekt in der Genese des neuzeitlichen Atheismus gewürdigt.[26] Der Wandel von einer Gesellschaft, in der es praktisch unmöglich war, nicht an Gott zu glauben, zu einer Gesellschaft, in der es keineswegs mehr selbstverständlich ist, an Gott zu glauben, hat auch das Sündenbewusstsein, das einen lebendigen Gottesbezug voraussetzt, in die Krise geführt. Exegetische, evolutionstheoretische und philosophische Gründe haben darüber hinaus die augustinische Theologie der Ursünde (*peccatum originale*) unter erheblichen Rechtfertigungsdruck gebracht. Andererseits wäre ein Abschied vom Sinngehalt der Erbsündentheologie wohl doch verfehlt. Die universale und radikale Schuldverfallenheit des Menschen, die im Licht des Christusgeschehens in ihrer Abgründigkeit offenbar wird, ist in der Schrift klar bezeugt (vgl. Röm 1,18–3,20; 5,12–21). Ein ungeschönter Blick in die Geschichte zeigt überdies, dass die Freiheitsgeschichte des Menschen immer auch vom Schatten einer mitlaufenden Schuldgeschichte begleitet wird, die auf eine wurzelhafte Selbstpervertierung der Freiheit schließen lässt. Statt die Lehre von der universalen Sündenverfallenheit der Menschen im Namen der Aufklärung als Obskurantismus zu verwerfen und dadurch die Wahrnehmung der menschlichen Freiheitssituation wohl eher zu verdunkeln als aufzuhellen, wäre weiter zu bedenken, ob und wie ihr Sinngehalt auch unter modernen Bedingungen rekonstruiert werden kann.[27]

Gleichwohl sind heute Verschiebungen im Denken feststellbar, die mit der Gewaltgeschichte des 20. Jahrhunderts zusammenhängen. Die Frage nach Gerechtigkeit für die unschuldigen Opfer hat die nach Erlösung von Sünde und Schuld zurückgedrängt und das Problem der Theodizee verschärft, wie Gott selbst sich angesichts der Leidensgeschichte der Welt rechtfertigen könne. Das Motiv der

Solidarität des leidenden Christus mit den Opfern der Geschichte erhält vor diesem Hintergrund nicht nur in den Befreiungschristologien (Leonardo Boff, Jon Sobrino) neue Bedeutung, sondern ist auch in der Kunst und Literatur des 20. Jahrhunderts immer wieder eindrücklich thematisiert worden.[28] Der Gekreuzigte ist selbst Gewaltopfer, am Ende der Passion steht der Schrei nach Gott. Eine geschichtssensible Christologie, die mit den bedrohten Anderen solidarisch ist und nach der Rettung der Verstummten fragt, wird den Verlassenheitsschrei Jesu neu hörbar machen. Sie wird das schmerzhafte Vermissen der rettenden Macht Gottes in Gestalt der Klage vor Gott selbst bringen, um das Band der Kommunikation auch dort nicht abreißen zu lassen, wo äußerste Sprachnot herrscht.[29] Es gibt die Doxologie, die Gott auch am Ort der Gottesverdunklung anruft – „jene Klage, die Gott auch noch einmal in der Anklage durch den leidenden und auch den schuldigen Menschen Gott sein lässt, Gott größer sein lässt als das eigene Elend und die eigene Schuld und als solche beansprucht und zur Rechenschaft zieht."[30]

Dieser gebetstheologische Ansatz, der offen lässt, wie Gott sich am Ende selbst rechtfertigt, findet neuerdings eine kühne Fortschreibung, wenn gesagt wird, der Gekreuzigte sei nicht für die Sünde der Menschen, sondern für das „Schöpfungsrisiko Gottes" gestorben. Gott wird angelastet, er habe den Menschen eine evolutive Werde-Welt zugemutet, die von Ressourcenknappheit, Rivalität und unglücklichen Kontingenzen durchzogen sei. In der Menschwerdung leiste Gott „Satisfaktion für seine eigene Schöpfungstat, indem er sich als Sohn das zumutete, was er allen Menschen zumutet"[31]. In der Tat ist die Selbstentäußerung des Sohnes ein Akt der Unterwerfung unter die *conditio humana* bis in Leiden und Tod hinein. Aber, so möchte ich rückfragen, wird die biblische Botschaft von der Rechtfertigung des Sünders durch den Gekreuzigten nicht umgeschrieben, wenn nicht mehr der Mensch wegen seiner Sünden rechtfertigungsbedürftig erscheint, sondern vor allem Gott selbst? Übernimmt sich die menschliche Vernunft nicht, wenn sie beansprucht, Schuldzuschreibungen vornehmen zu können? Läuft die Rede vom „Schöpfungsmakel" nicht auf eine Verdunklung des Gottesbegriffs hinaus, die Lob und Dank – zentrale Redeformen des Betens – erschwert, wenn nicht unmöglich macht?[32] Und verzeichnet die Aussage, dass Gott selbst sein riskantes Schöpfungswerk auf Golgotha gesühnt habe, nicht die Sinnrichtung der biblischen Aussagen – *pro nobis* – und verkehrt sie in ihr Gegenteil, als ob Christus für Gott selbst – *pro semetipso* – Sühne geleistet habe?[33]

VI.

Stellvertretung zielt – um mit Kant zu reden – in der Tat auf das *Allerpersönlichste*. Das erlösungsbedürftige Subjekt wird mit der Hypothek seiner Schuldgeschichte nicht allein gelassen. Jesus Christus sucht den Menschen am Ort der Verlorenheit auf, er geht ihm bis ins Äußerste nach, um ihm dort zu begegnen, wo er aus eigenen Stücken nicht mehr weiter kann. Gerade durch diesen Beistand in der Situation der Ohnmacht wird der Mensch befähigt, seine Schuld einzugestehen, sich von ihr zu distanzieren und umzukehren. Die Schuld wird also nicht annulliert oder – wie ein äußeres Zahlungsmittel – von einem anderen übernommen.[34] Vielmehr wird die Schuld im Angesicht des auferweckten Gekreuzigten allererst in ihrer Abgründigkeit offenbar. Aber Christus fixiert den Täter nicht auf seine Vergangenheit, er sieht in ihm mehr als die Summe seiner Untaten. Sein Blick gilt der erlösungsbedürftigen Person, deren einsame Selbstverschlossenheit aufgebrochen wird. Dadurch, dass Christus an den Ort der sündigen Gottesferne tritt, wird der Sünder zur Annahme der schmerzlichen Wahrheit und zur Übernahme seiner Schuld befähigt. Am Ort des Kommunikationsabbruchs wird so neue Kommunikation mit Gott und den anderen möglich. Die sittliche Unvertretbarkeit der Person wird in diesem Geschehen nicht verletzt, da der Vorgang an das Ja des Vertretenen gebunden bleibt. „Jesus kann den Sünder nicht beiseiteschieben, um seinen Platz einzunehmen. Er kann sich dessen Freiheit nicht aneignen, um aus ihr zu tun, was der andere nicht tun will. Zugespitzt: er kann mich erlösen (das heißt mich aus einer Gefangenschaft oder Verschuldung loskaufen), aber ich muss diese Tat immer noch annehmen, für mich wahr sein lassen."[35]

Stellvertretung meint im theologischen Kontext also nicht die situationsbedingte und zeitlich begrenzte Vertretung von Menschen durch Menschen, sondern das soteriologisch qualifizierte Ereignis, dass der Gekreuzigte in seinem Sterben so an die Stelle des sündigen Menschen getreten ist, dass diesem ein neues Verhältnis zu sich selbst, zu den anderen und darin zu Gott eröffnet wird. Die Frage aber, wie *einer* für die Sünden *aller* sterben könne, berührt das Persongeheimnis Jesu Christi, das wohl nur aus der Perspektive des Glaubens erschwinglich ist. Nur wenn der Gekreuzigte nicht allein Mensch, sondern zugleich der mit dem ewigen Wort des Vaters geeinte Sohn gewesen ist, kann sein Sterben die rettende und versöhnende Kraft gehabt haben, die ihm die Kirche von Anfang an zuerkannt hat. Die Kreuzestheologie verweist daher in die Trinitätstheologie. Diese macht deutlich, dass Gott in Jesus das Andere seiner selbst bis in die tiefste Gottlosigkeit hinein aufsuchen kann, ohne sich selbst zu verlieren, weil er von Ewigkeit her Gemeinschaft in sich selbst verwirklicht. Der johanneische Satz „Gott ist Liebe" (1 Joh 4,8.16) bringt dies zum Ausdruck. Gott ist keine verhältnislose Monade, die sich dem Anderen nicht zuwenden könnte; Gott ist vielmehr Gemeinschaft wechselseitigen Andersseins von Vater, Sohn und Geist, und zwar so, dass er Andere an seiner Gemeinschaft teilnehmen lassen kann und will. Er ist zwar vollkommenes Leben, vollkommene Liebe – und „braucht sich nicht zu verwirklichen."[36] Und doch gehört es zur Gestalt seiner Selbstverwirklichung, dass er die Anderen als Mitliebende will. *Vult alios condiligentes.*[37] Sein Gemeinschaftswille reicht so weit, dass er selbst die, die sich verweigern und abgewandt haben, durch Zuwendung, die bis ins Äußerste geht, zur freien Einstimmung gewinnen will.

VII.

Warum aber dann der Skandal des Kreuzes? Hätte Gott nicht auch auf anderem Weg seine Zuwendung verwirklichen können? Wäre nicht ein Dekret der göttlichen Barmherzigkeit ausreichend gewesen, um die moralischen Hypotheken von Sünde und Schuld zu annullieren? Schon Thomas von Aquin hat gegenüber Anselm darauf hingewiesen, dass die Allmacht Gottes sicher auch andere Wege hätte beschreiten können, den Menschen von Sünde und Schuld zu erlösen (vgl. S. th. III, q. 46, a. 2 ad 3). Aber statt sich auf Possibilientheologie einzulassen und der Frage nach alternativen Heilswegen nachzugehen, hat der Aquinate es vorgezogen, das faktisch ergangene Heil im Leben und Sterben Jesu theologisch nachzuvollziehen und durch Konvenienzargumente plausibel zu machen. Dabei hat er eine kreuzestheologische Engführung vermieden und das Ereignis der Inkarnation mit einer Theologie der Mysterien des Lebens Jesu verbunden, die in Reflexionen über Tod, Auferstehung und Himmelfahrt einmündet. Gott, der vollkommen Gute, hat sich den Menschen auf menschliche Weise mitteilen wollen (*se aliis communicare*), darin sieht Thomas den Sinn der Inkarnation, die den Graben zwischen Gott und den Menschen überbrückt und Gottesfreundschaft ermöglicht. In den Stationen des Lebens Jesu ereignet sich dieses Kommunikationsgeschehen, das sich schließlich in der Passion verdichtet, in der Gott Vater den Sohn dem Treiben der Menschen ausliefert und der Sohn sich freiwillig ausliefern lässt. In der Passion, die Thomas in den Spuren Anselms noch satisfaktionstheologisch gedeutet hat, auch wenn er eine Vielfalt von soteriologischen Begriffen kennt, verwirklicht sich die äußerste Liebe Gottes zu den Menschen. Deren rettende und erlösende Kraft möchte ich abschließend in vier Punkten noch einmal herausstellen, ohne auf die Äquivalenzlogik der Satisfaktion zurückzugreifen, weil sie der Passion als Gabe der Liebe nicht gerecht wird.

Nicht am Leiden vorbei, sondern durch das Leiden hindurch zeigt Gott auf Golgotha seine Zuwendung. Dies ist früh als „unerhörte Begebenheit" empfunden worden und hat – mit Sibylle Lewitscharoff gesprochen – „kraftvolle Blasphemien"[38] auf den Plan gerufen. Die Spielarten des Doketismus haben Christus jedes Leiden abgesprochen. Aber die Spuren der Passion zu retuschieren, hieße Christus zu einer gnostischen Figur zu stilisieren, die den Abgrund der Verlorenheit gar nicht erst berührt und aufgesucht hat. *Die Wundmale des Gekreuzigten, die zu seiner postmortalen Identität gehören, machen die destruktive Macht von Sünde und Schuld sichtbar, die sich Menschen gerne verschleiern* (1). Abwehrreflexe gegen das Kreuz sind daher verständlich, denn es ist eine Zumutung, mit den verborgenen Abgründen von Sünde und Schuld konfrontiert zu werden. Aber Sünde und Schuld beiseitezuschieben, als gäbe es sie nicht, wäre Verdrängung – und das ist sicher kein Weg, um über die moralischen Hypotheken hinwegzukommen. Die Freude am Leben und der Genuss an der Schöpfung müssen durch die *memoria passionis crucifixi* aber nicht beeinträchtigt[39], sondern können im Gegenteil sogar gesteigert werden, wenn das Dunkel menschlicher Schuld im Licht der vergebenden Liebe des Gekreuzigten offengelegt und geheilt wird. Der Unschuldswahn, der sich häufig in der Bezichtigung anderer entlädt, kann so heilsam unterbrochen werden.[40] *O felix culpa, quae talem ac tantum meruit habere Redemptorem!*

Über die detektorische Funktion des Kreuzes hinaus wird auf Golgotha aber auch offenbar, dass Gott nicht unter dem Niveau der menschlichen Freiheits- und Schuldgeschichte bleibt, sondern die innerste Situation der Opfer und Täter – denn in jeder Biographie mischen sich die Momente von Leid und Schuld – aufsucht. Bedeutsam ist daher (2), dass der Gekreuzigte den Leidenden, die vergeblich um Gottes Hilfe gerufen haben, gleich geworden ist und sich mit ihnen rückhaltlos solidarisiert hat. *Die Passion des Gekreuzigten ist daher ein Akt der rettenden compassio Gottes mit den Opfern der Geschichte.* Ihre Klagen, ihre verstummten Schreie haben durch die Klage des Gottverlassenen, durch den Schrei des Gekreuzigten einen Ort in Gott selbst, sie verhallen nicht ungehört, sondern finden – mit Ottmar Fuchs gesprochen – „Resonanz" bei Gott selbst.[41] Ihre offengebliebenen Fragen werden nicht vergessen, sondern reichen ins Eschatologische hinein.

In seinem Tod auf Golgotha hat Jesus (3) aber auch den Ort der sündigen Gottesferne aufgesucht, um die Täter nicht sich selbst zu überlassen. Die Feindesliebe hat er nicht nur gepredigt, sondern auch sterbend verwirklicht, als er für seine Peiniger um Vergebung bat (Lk 23,34). In seinem Sterben wird der Gekreuzigte den Sündern gleich und trägt stellvertretend für sie die Last ihrer Sünde. Dadurch befähigt er sie zum Eingeständnis ihrer Schuld, zur Übernahme ihrer Verantwortung und zur Umkehr. Die gnadenlose Aufdeckung des Vergangenen würde die Täter wohl verstocken oder unter der Last ihrer Schuld zerbrechen lassen. Aber der Blick des Gekreuzigten ist nicht gnadenlos, er reduziert die Täter nicht auf ihre Taten. Von Christus, dem Erlöser, anerkannt, können sie die Verantwortung für ihr Tun übernehmen und den abgründigen Schmerz der Reue zulassen. *Die Passion des Gekreuzigten ist daher zugleich ein Akt der erlösenden compassio Gottes mit den Tätern der Geschichte.*

(4) Die rettende und erlösende Kraft des Kreuzes hat am Ende Auswirkungen auf die Theologie des Gerichts, die ich hier nur noch andeuten kann.[42] Wenn die Geschichte nicht das Weltgericht sein soll, wie Schiller gesagt hat, wenn die Täter nicht auf Dauer über ihre Opfer triumphieren sollen, was die Gerechtigkeit gebietet, dann muss Gott sich der Geschichte noch einmal rettend zuwenden. Das Gericht ist der Ort dieser rettenden Zuwendung, bei dem das Leid der Opfer gewürdigt und das Treiben der Täter aufgedeckt und gerichtet wird. Allerdings kann es in diesem dramatischen Geschehen nicht einfach um einen Rollentausch gehen, der aus Tätern Opfer und aus Opfern Täter macht. Das würde die Zerrüttung der Beziehungen nur unter umgekehrten Vorzeichen fortschreiben. Vielmehr ist zu hoffen, „dass die Täter in der Identifikation mit ihren Opfern ihr Täter-sein tatsächlich revidieren, es umkehren; darum, dass sie so verinnerlichen, was sie diesen zugefügt haben, und darum, dass es den Opfern möglich wird, zu *vergeben*, was ihnen nicht zurückgegeben werden kann."[43] Was menschlich angesichts der potenzierten Gräuel unmöglich (auch im Sinne von: unzumutbar) scheint: die Versöhnung der Unversöhnten, das kann allenfalls die schöpferische Macht der Liebe Gottes ermöglichen, die auf Golgotha offenbar geworden ist. Denn kein anderer als der Gekreuzigte, der mit den Leidenden solidarisch geworden und den Sündern bis ins Äußerste nachgegangen ist, wird auch der Richter sein. Sein Gericht aber wird ein Akt der Gnade sein, wenn anders der hin-

gerichtete Richter der Geschichte zugleich der Anwalt der Gerichteten ist, der retten und heilen will. So lassen sich von Golgotha eschatologische Linien ausziehen, die hoffen lassen, dass am Ende das Unmögliche wirklich wird und die Opfer der Geschichte die vergebungsbereite Haltung des Erlöser-Richters mitvollziehen und ihren Tätern verzeihen können, sowie umgekehrt auch die Täter sich überzeugen lassen, die Verantwortung für ihre Taten reuevoll zu übernehmen und um Vergebung zu bitten.[44]

Anmerkungen

[1] Sibylle Lewitscharoff, Vom Guten, Wahren und Schönen. Frankfurter und Zürcher Poetikvorlesungen, Berlin 2012, 153.

[2] Karl Lehmann, „Er wurde für uns gekreuzigt". Eine Skizze zur Neubesinnung in der Soteriologie, in: ThQ 162 (1982) 298–317, hier 306.

[3] Vgl. Peter Hünermann, Gottes Wort in der Zeit. Eine systematische Christologie, Münster 1994, 193–251.

[4] Vgl. Karl-Heinz Menke, Stellvertretung. Schlüsselbegriff christlichen Lebens und theologische Grundkategorie, Freiburg ²1997, 168–367.

[5] Vgl. Peter Strasser, Wir liturgisch Enttäuschten, in: Ders., Die einfachen Dinge des Lebens, München 2009, 89–99.

[6] Magnus Striet, Erlösung durch den Opfertod Jesu?, in: Zur Debatte 3/2012, 19–21, hier 20.

[7] Romano Guardini, Vom Geist der Liturgie, Mainz – Paderborn 1997, 69. Zur Frage der Liturgiefähigkeit vgl. Ders., Liturgie und liturgische Bildung, Mainz–Paderborn 1992.

[8] Zum Axiom und seiner Rezeptionsgeschichte vgl. neuerdings Julia Knop, Ecclesia orans. Liturgie als Herausforderung der Dogmatik, Freiburg 2012, 139–180.

[9] Vgl. Giuseppe Ruggieri, Zeichen der Zeit. Herkunft und Bedeutung einer christlich-hermeneutischen Chiffre der Geschichte, in: Peter Hünermann (Hg.), Das Zweite Vatikanische Konzil und die Zeichen der Zeit heute, Freiburg 2006, 61–70, hier 69.

[10] Friedrich Nietzsche, Die fröhliche Wissenschaft, III, 135, in: Ders., Werke in drei Bänden, Darmstadt 1997, Bd. 2, 132.

[11] Ernst Bloch, Atheismus im Christentum, Frankfurt/M. 1978, 160.

[12] Botho Strauß, Vom Aufenthalt, München–Wien 2009, 193.

[13] Immanuel Kant, Religion innerhalb der Grenzen der bloßen Vernunft, B 95. Kant problematisiert Stellvertretung als intersubjektive Kategorie, bindet sie aber, was oft übersehen wird, in seine Mo-

ralphilosophie erneut ein, um die Wendung vom alten zum neuen Menschen zu beschreiben. Das Subjekt, das vom „radikal Bösen" seinen Ausgang nimmt und eine Revolution der Gesinnung durchläuft, büßt im moralisch erneuerten Stadium stellvertretend für die Schuld, die es im Stadium des alten Menschen auf sich geladen hat. Der Stellvertretungsvorgang wird so in die Geschichte des Subjekts selbst verlegt. Das Bewusstsein darum, dass die Schuld letztlich nie ganz getilgt werden kann, lässt Kant am Ende einen „gnädigen Herzenskündiger" postulieren, der die gute Gesinnung des moralisch erneuerten Subjekts stellvertretend für die Tat nimmt. Vgl. Jan-Heiner Tück, Beispiel, Vorbild, Lehrer? Zu Kants moralphilosophischer Transformation der Christologie, in: Markus Schulze (Hg.), Christus – Gottes schöpferisches Wort (FS Christoph Schönborn), Freiburg-Basel-Wien 2010, 599–619.

[14] Bernd Janowski, Stellvertretung, Stuttgart 1996, 10.

[15] Johann Baptist Metz, Mystik der offenen Augen, hg. von Johann Reikerstorfer, Freiburg 2011.

[16] Vgl. die Definition des Opfers durch Annemarie Schimmel, in: RGG IV (31960) 1637–1641, hier 1637: Opfer ist eine „rituelle Handlung, in der ein lebens- bzw. machthaltiges Wesen zerstört wird, um unsichtbare Kräfte zu beeinflussen, mit ihnen in Kontakt, ja in Kommunion zu treten, ihr Werk zu beflügeln, ihnen Genugtuung zu bieten, sie zu ehren oder ihre schädlichen Einflüsse zu neutralisieren."

[17] Vgl. Bernd Janowski, Sühne als Heilsgeschehen. Traditions- und redaktionsgeschichtliche Studien zur priesterschriftlichen Sühnetheologie (WMANT 55), Neukirchen–Vluyn 22000.

[18] In hom. Ez. 6,6 (Baehrens VIII, 384f). Dazu Joseph Ratzinger, Schauen auf den Durchbohrten. Versuche zu einer spirituellen Christologie, Einsiedeln 21990, 49: „In der Väterzeit war es wohl Origenes, der am tiefsten die Thematik des leidenden Gottes begriffen und der auch unumwunden ausgesprochen hat, dass sich dieses Thema nicht auf die leidende Menschheit Jesu reduzieren lässt, sondern das christliche Gottesbild selbst tangiert. Den Sohn leiden zu lassen, ist zugleich die Passion des Vaters und darin leidet auch der Geist mit."

[19] In Cant. cant. 26, 5 (PL 183, 906). Vgl. Hans Urs von Balthasar, Theodramatik, Bd. 4: Endspiel, Einsiedeln 1983, 191–222.

[20] Vgl. dazu den Beitrag von Josef Niewiadomski in diesem Band.

[21] Vgl. dazu den Beitrag von Karl-Heinz Menke in diesem Band.

[22] Vgl. zum Hintergrund: Bernd Janowski, Stellvertretung, Stuttgart 1996.

[23] Vgl. Michael Theobald, Römerbrief, Stuttgart 1992, Bd. 1, 100: „Feiert Israel jedes Jahr den Versöhnungstag als den Tag, an dem Gott sein Heiligtum, den Tempel, von aller Unreinheit entsühnt und seinem Volk Versöhnung gewährt, so ist jetzt der Tag der Kreuzigung Jesu der große Versöhnungstag Gottes, den es für alle Zeiten im Ge-

dächtnis zu behalten gilt. Wie (in Erinnerung an die Wüstenzeit) in der ‚Wolke des Weihrauchs über dem ‚Sühnedeckel' (den mit zwei Keruben geschmückten Aufsatz der Bundeslade) der barmherzige und versöhnende Gott gegenwärtig geglaubt wurde, wenn der Hohepriester mit dem Blut der geopferten Tiere vor ihm erschien (Lev 16,2.12–17), so erkennen die Glaubenden jetzt im Kreuz Jesu, der Hingabe ‚seines Blutes', Gottes versöhnende Gegenwart."

[24] Helmut Merklein, Wie hat Jesus seinen Tod verstanden?, in: Ders., Studien zu Jesus und Paulus, Tübingen 1998, 174–189.

[25] Hans Blumenberg, Legitimität der Neuzeit, Frankfurt/M. 1966.

[26] Vgl. Charles Taylor, Ein säkulares Zeitalter, Frankfurt/M. 2009, bes. 141ff.

[27] Vgl. Karl-Heinz Menke, Das Kriterium des Christseins. Grundriss der Gnadenlehre, Regensburg 2003; Helmut Hoping – Michael Schulz (Hg.), Unheilvolles Erbe? Zur Theologie der Erbsünde (QD 231), Freiburg 2009; Thomas Pröpper, Theologische Anthropologie, Bd. II, Freiburg 2011, 981–1156 (unter Mitarbeit von Georg Essen).

[28] Vgl. dazu meinen Versuch: „Bete zu uns, wir sind nah". Paul Celans Gedicht „Tenebrae" als Herausforderung für eine anamnetische Christologie, in: Kurt Appel/Johann Baptist Metz/ Jan-Heiner Tück (Hg), Dem Leiden ein Gedächtnis geben (FS Johann Reikerstorfer), Göttingen 2012, 67–82.

[29] Vgl. Johann Reikerstorfer, Zur christologischen Würde des Schreis, in: Jan-Heiner Tück (Hg.), Passion aus Liebe. Das Jesus-Buch des Papstes in der Diskussion, Ostfildern 2011, 148–162.

[30] Ottmar Fuchs, Wer's glaubt, wird selig … Wer's nicht glaubt, kommt auch in den Himmel, Würzburg 2012, 28.

[31] Magnus Striet, Erlösung durch den Opfertod Jesu?, in: Zur Debatte 3/2012, 19–21, hier 21. Unter Rekurs auf Überlegungen von Navid Kermani. Vgl. dazu meinen Essay: Religionskulturelle Grenzüberschreitung? Navid Kermani und das Kreuz. Nachtrag zu einer Kontroverse, in: IKaZ Communio 38 (2009) 220–233.

[32] Eine Theodizee, die mit dunklen Seiten in Gott rechnet, ist von Magnus Striet früher zu Recht „als theologisch völlig absurd" zurückgewiesen worden. Ders., Offenbares Geheimnis. Zur Kritik der negativen Theologie, Regensburg 2003, 27.

[33] Auch bei Ottmar Fuchs findet sich das Motiv der Inversion der biblischen Erlösungsaussagen, wenn er – unter dem Vorbehalt des „Vielleicht" – schreibt: „Jesus wird am Kreuz zur Sühne für Gott selbst, weil es ihn reut, weil es ihm leidtut, all das Leid und all das Böse zugelassen zu haben." Ders., Wer's glaubt, wird selig (s. Anm. 30), 41. – Im postmodernen Diskurs begegnet das Motiv etwa bei Slavoj Zizek, Die Puppe und der Zwerg. Das Christentum zwischen Perversion und Subversion, Frankfurt/M. 2003, 16: „Im Christentum stirbt Gott für sich selbst."

[34] Dieser Eindruck wird durch die Schlusspassage von Cur Deus homo

nahegelegt, wenn Anselm schreibt: „Denn was könnte barmherziger gedacht werden, als wenn Gott Vater zu dem Sünder, der zu ewigen Strafen verurteilt ist und nicht hat, wodurch er sich daraus befreien könnte, spricht: Nimm meinen Eingeborenen und gib ihn für dich; und der Sohn: Nimm mich und erlöse dich?" (II, 20). Es bleibt undeutlich, inwiefern der Vorgang der Stellvertretung durch Christus den Vertretenen selbst berührt und innerlich verwandelt.

[35] Hans Urs von Balthasar, Epilog, Einsiedeln 1987, 95. Vgl. weiterführend Robert Spaemann: „Gibt es Stellvertretung in der Sphäre der Subjektivität? Kann jemand für den anderen nicht nur eine dingliche, sondern auch eine moralische Schuld bezahlen? Kann einer für den anderen gut sein? Das Christentum beantwortet diese Fragen mit einem Paradox. Moralische Stellvertretung durch das Opfer Christi findet nur statt, wenn die Gesinnung dessen, für den Stellvertretung geleistet wird, selbst sich wandelt. Aber diese Wandlung wird erst durch das stellvertretende Opfer ermöglicht. Ihr Motiv ist nämlich Dankbarkeit für das stellvertretende Opfer […] Der Gesinnungswandel verdankt sich einem Impuls, den das Subjekt sich nicht selbst geben kann, einer Gnade." Ders., Einleitende Bemerkungen zum Opferbegriff, in: Richard Schenk (Hg.), Zur Theorie des Opfers. Ein interdisziplinäres Gespräch, Stuttgart – Bad Cannstatt 1995, 11–24, hier 23f.

[36] Christoph Schönborn, Ziel oder Zufall? Schöpfung und Evolution aus der Sicht eines vernünftigen Gottes, hg. von Hubert Weber, Freiburg 2007, 49.

[37] Duns Scotus, Opus Oxoniense, III, d. 32; q. 1, n. 6.

[38] Vgl. Anm. 1.

[39] Natürlich durchkreuzt die Leidenserinnerung einen Lebensstil, der an Genussmaximierung interessiert ist. Dies hat Peter Strasser pointiert herausgestellt: „Der genusssüchtige Mensch kann nicht anders: er muss den Messias dafür tadeln, dass er sich ans Kreuz schlagen ließ. Hat der Menschensohn nicht ein sehr schlechtes Beispiel gegeben? Hat er nicht die Freudlosen, die Lebensflüchtigen, die Weltfremden ermuntert. Hätte nicht wenigstens Gott selbst ein Bespiel geben sollen, wie man sich auf die rechte Weise vergnügt?" Ders., Journal der letzten Dinge, Frankfurt / M. 1998, Nr. 144.

[40] So kann die Beichte eine Schule der Freiheit werden. Vgl. Felicitas Hoppe, Beichtkinder. Über Bekenntniswahn und Bekenntniszwang, in: Florian Höllerer/Tim Schleider (Hg.), Betrifft, Frankfurt / M. 2004, 88–95.

[41] Ottmar Fuchs, Gottes trinitarischer „Offenbarungseid" vor dem „Tribunal" menschlicher Klage und Anklage, in: Magnus Striet (Hg), Monotheismus Israels und christlicher Trinitätsglaube (QD 210), 271–295.

[42] Vgl. Ottmar Fuchs, Das Jüngste Gericht. Hoffnung auf Gerechtigkeit, Regensburg 2007; Jan-Heiner Tück, In die Wahrheit kommen. Das

Gericht Jesu Christi – Annäherungen, in: IKaZ Communio 38 (2009) 385–398.

[43] Jürgen Werbick, Gott verbindlich. Eine theologische Gotteslehre, Freiburg 2007, 511.

[44] Vgl. ausführlicher meinen Versuch: Inkarnierte Feindesliebe. Der Messias Israels und die Hoffnung auf Versöhnung, in: Helmut Hoping – Jan-Heiner Tück (Hg.), Streitfall Christologie. Vergewisserungen nach der Shoah (QD 214), Freiburg i. Br. 2005, 216–258; sowie Philipp Höfele, Vergebung für die Täter? Überlegungen zur intersubjektiven Dimension des eschatologischen Gerichts, in: Theologie und Philosophie 85 (2010) 242–260.

Erlösung durch Opfer? – Erlösung vom Opfer?

Jürgen Werbick, Münster

Elementare Verlegenheiten

In seiner Schrift „Die Erlösten" aus dem Jahre 1922 erzählt *Joseph Wittig* von dem Stoßsufzer des Beyer Paul während einer Katechese über Erlösung und den Erlöser Jesus Christus: „Hätte er uns lieber vom Beichten erlöst!"[1] Knappe 100 Jahre später scheint es so, als hätten die Katholiken diese Erlösung für sich längst nachgeholt. Damals, in den Zwanzigerjahren verstanden die kirchlichen Oberen keinen Spaß. „Die Erlösten" wurde zum Anlass eines skandalösen Verfahrens, das mit der Suspendierung und Exkommunikation Wittigs endete. Heute mögen sich engagierte Katholiken – viele Theologen eingeschlossen – in dem noch viel radikaleren „soteriologischen Stoßseufzer" Luft machen: Wann endlich erlösen wir uns endgültig und unzweideutig vom Opferdenken, von der monströsen Idee, Jesus Christus habe uns durch ein stellvertretendes Sühnopfer erlöst! Die meisten Gläubigen haben auch diese Selbst-Erlösung längst hinter sich. Die hermeneutischen Anstrengungen in Dogmatik und Verkündigung nehmen sie als hilflose Nachhutgefechte wahr, die ihnen historischen Ballast aufladen, statt neue Glaubenshorizonte zu erschließen.

Kann man es ihnen verdenken? Es scheint kaum möglich, heute so von einem religiös verstandenen Opfer zu sprechen, dass man darin elementare Lebenserfahrungen hilfreich gedeutet und aufgeschlossen erlebt. Opfer: davon will man loskommen. Man kann nichts mehr damit anfangen.

Und so ist es auch eine beliebte Strategie der Religionskritik, das Christentum als im Kern primitive Opferreligion zu entlarven, in der die alten abstrusen Vorstellungen und Mechanismen unter einem dünnen Firniss oberflächlicher Rationalisierungen und Relativierungen nach wie vor ihr Unwesen treiben. Man will die Christen nicht davonkommen lassen. Mit schlechtem intellektuellem Gewissen hafteten sie an religiösen Archaismen, denen niemand mehr Kredit geben würde, wenn man sie ungeschminkt wahrnähme. Auch die Theologen wollen sich nicht mehr in der Nähe dieser Archaismen erwischen lassen; sie drehen und wenden sich, sprechen von der Überwindung des Opferdenkens im Kreuz Jesu Christi und sind ganz einverstanden mit dem religionskritisch-opferkritischen Befund, das religiöse Opfer sei der Sündenfall der Religion, von dessen Unheil dann doch das Opfer Christi die Menschen befreit habe.

Es ist theologisch viel Gedankenlosigkeit, vielleicht sogar Unehrlichkeit im Spiel, wenn es um das Opfer geht. Man müsste sich eingestehen, dass man nicht so schnell von jener „Logik" des Opfers loskommt, die man am Kreuz Jesu Christi überwunden, zu seiner Deutung neutestamentlich aber doch in Anspruch genommen sieht. Ja, Christen befinden sich in einer religiösen Schicksalsgemeinschaft mit Opfergeschichten und Opferpraktiken, aus der sie sich auch christologisch nicht so einfach davonstehlen können. Das heißt aber auch, dass sie nicht aus der Anstrengung desertieren können, immer wieder neu zu ergründen, in welchem Sinne sie Erben des religiösen Opferdenkens und der in ihm machtvoll sich durchsetzenden Logik geworden sind und wie mit diesem Erbe gearbeitet worden ist bzw. heute zu arbeiten wäre.

Es liegt auf der Hand, dass damit eine theologisch extrem schwierige Aufgabe angesprochen ist. Die Unübersichtlichkeit des Feldes mag davor warnen, auf ihm etwas Nennens-

wertes gewinnen zu wollen, gibt es doch so unterschied-
liche Opferpraktiken und Opfertheorien, dass man daran
verzweifeln könnte, hier noch etwas Gemeinsames oder gar
so etwas wie eine den unterschiedlichen Praktiken gemeinsame „Tiefengrammatik" aufzuweisen. Andererseits: Wie
soll man mit diesem Erbe umgehen, wenn man sich nicht
von vornherein für unzuständig erklären, damit aber zentrale Glaubensüberlieferungen als überholt und abgetan ansehen will? Biblisch und in den christlichen Glaubensüberlieferungen erschien es offensichtlich als aufschlussreich
und für den Erlösungsglauben fruchtbar, sich auf Opferpraktiken und die „Logik" der Opfer zu beziehen. Dürfen
wir ohne Weiteres unterstellen, dass die Glaubensartiku-
lations-Möglichkeiten, die sich hier auftaten, irrtümlich in
Anspruch genommen oder jedenfalls für uns heute irrele-
vant geworden sind?

Nicht aus dem Blick darf geraten, dass es in unserer Le-
benswelt seit langem zu einer Säkularisierung des Opferdenkens und der Opferpraxis gekommen ist – mit höchst
ambivalenten Auswirkungen. Man opfert sich, soll sich opfern für das Volk, das Vaterland, die Arbeiterklasse, die Befreiung der Unterdrückten, den in Gefahr Geratenen. Opfer modern und radikal: die Hingabe des eigenen Lebens
für eine „höhere" Wirklichkeit, zur Affirmation eines (re-
lativ) Absoluten, das noch den höchsten Einsatz geboten
sein lässt und sinnvoll macht. Die sakrale Aura mag damit
zu tun haben, dass hier die Ehrfurcht vor einem Höheren
als dem eigenen Leben und Wohlergehen zum Ausdruck
kommt und stimuliert wird; dass man nicht nur Ehrfurcht
vor dem Altruismus des Sich-Opfernden hat, sondern für
sich selbst erahnt, das es dieses Höhere, „Heilige" gibt, das
in diesem Selbstopfer mit letzter Konsequenz anerkannt
wird. Der islamistische „Selbstmord"-Terrorismus mag den
Schauder angesichts dieses Höchsten auf die Spitze treiben:

dass da ein Mensch sein Leben gibt, andere Menschen mit in den Tod reißt, um mit tiefster Zwiespältigkeit zu relativieren, was in *dieser* Welt als das Höchste gilt. Von Opfer möchten wir – jedenfalls im Blick auf ihn (oder sie) – nicht mehr sprechen; die moralisch wertende Formel „Selbst-*Mord*-Attentat" bringt das ja eindeutig zum Ausdruck. Über der moralischen Abscheu aber bleibt der Schauder: Was bringt einen Menschen dazu, sich selbst und andere zu töten, sich und ihnen so entsetzlich viel Gewalt anzutun? Das Äußerste zu tun, was aus dem Innersten eines Menschen heraus getan werden kann.

Das Äußerste und das Innerste

Der Schauder angesichts des Äußersten und des Innersten: Womöglich ist das eine Ahnung des im religiösen Opfer vergegenwärtigten Fascinosum et Tremendum, des erschütternd und erschreckend Faszinierenden. Damit soll keine weitere Theorie über die Herkunft oder das „Wesen" des Opfers angedeutet, sondern in einer Spur zurückgegangen werden, die befremdlich im Heute ankommt und sich in der Religionsgeschichte verlieren mag, kaum zu den Wurzeln der Opferkulte führt, sich aber in deren Geschichte – in die Geschichte der vielfältigen Transpositionen des Opferdenkens – tief eingegraben hat.

Ich denke an aztekische und voraztekische Darstellungen, in denen sich der Fürst einen Dorn in die Genitalen treibt, um das Blut zu gewinnen, das er der Gottheit „opfern" wird, „damit" es regnet und das Volk leben kann. Bis zum Innersten reicht der Schmerz, dahin, wo das Leben aus der Lust lebendig wird, wo das Lebensblut entspringt. Von hier aus geschieht jene Verbindung mit dem Göttlichen, von der erhofft werden kann, dass es für alle gut wird. Die aufgeklärte Kritik weiß es noch „genauer": Mit dem Teuersten muss bezahlt werden, damit die Gottheit sich gnädig erweist. Die wertvollste Gabe reicht vielleicht gerade noch hin, das Unheil abzuwenden, den Zorn der Gottheit zu mildern. Der zweckrationale Blick erkennt Bestechung: *Do ut des*; ich gebe das Teuerste, damit du mich vor dem Schlimmsten bewahrst. Man nennt das Magie und wendet sich mit aufgeklärtem Grausen vor so viel Primitivität. Ob diese aufgeklärte Reaktion so viel „zivilisierter" ist als der religiöse Vernichtungsfeldzug der ersten Missionare, der die Zeugnisse der indigenen Religiosität so weitgehend zu Opfer fielen? Aus antiquarischem Interesse und mit ästhetischer Faszination bewahrt man heute wenigstens die Zeugnisse. Die Religion der Indigenen selbst verachtet man von Herzen als endlich überwundene, im christlichen Glauben unverständlicherweise immer weiter wuchernde Magie.

Christliche Theologie wäre gut beraten, nicht immer nur in diese Kritik einzustimmen, um die biblischen Transformationen des Opferdenkens schadlos zu halten. Ihre Mitverantwortung und Mithaftung für das religiöse Opferdenken reicht weiter, verlangt den zweiten, weniger abschätzigen, verständnisvolleren Blick. Dass sich der ganze Mensch einsammeln und einbringen muss in die (möglicherweise) heilvolle Verbindung mit dem Göttlichen, damit die göttliche Wirklichkeit ihn ergreife und in ihm wirksam werde: An dieser Erfahrung vorbei geschieht nichts Religiöses von Bedeutung. Die Gottheit öffnet sich, wo ich mich bis ins Innerste hinein öffne. So geschieht Gemeinschaft im Innersten. Der Weg zum Innersten aber führt über das Äußerste: wo das ganze Menschsein ergriffen, hineingerissen ist, man nichts draußen halten kann, weil der Schmerz und/oder die Ekstase alles ergreift und in den Vollzug hereinholt. Genau da wird die Gottheit gegenwärtig und zugänglich. Ihr selbst wird zugeschrieben, dass sie Wege öffnet, Rituale vorschreibt, auf denen das geschehen kann;

Handlungen, die das Äußerste als den Weg zum Innersten darstellen, ohne dass es zum Äußersten kommen müsste; Wege und Riten der Stellvertretung, die das Äußerste an „Stellvertretern" vollziehen, das Innerste – die innerste Lebensverwandlung ins Göttliche hinein – in die an Anderen (Kriegsgefangenen, Tieren) vollzogene Handlung veräußerlichen und ihnen das Äußerste auferlegen.

Es ist klar, dass damit – nicht erst damit – die brutale Ambivalenz des Opferdenkens sichtbar wird. Dass das Leben ganz hineingegeben werden muss in die Gottesgemeinschaft, wenn diese Gemeinschaft das Leben ganz durchdringen soll; dass die Ganzheit der Lebensübergabe in Leiden und Lust erlebt und schließlich im Töten vollzogen wird, an anderen vollzogen werden muss, damit ich leben kann: Damit ist der Abgrund aufgerissen, den immer mehr Opfer auffüllen müssen. Man weiß ja nie, ob genug getan ist. Der von Gott selbst gegebene Ritus soll das *Genug* verbürgen. Aber wenn er das Heil nicht bewirkt, das er darstellt? Liegt es daran, dass noch mehr getan werden muss, oder dass der Ritus eben doch Ersatz bleibt für das, was wirklich geschehen müsste: die innerste Hineingabe in die zuinnerst verwandelnde Gemeinschaft mit dem Göttlichen?

Das ist die Krise des Opfers, religionsgeschichtlich früh schon erkennbar, alttestamentlich von den Propheten identifiziert – und selbst in christlicher Überlieferung weiterhin virulent, so virulent, dass man im Zweifel sein kann, ob diese Krise hier nicht zu sehr aus christlicher Perspektive beschrieben ist. Die Krise des Opfers hat – mindestens – zwei Seiten: die Krise der Stellvertretung und die Krise der Wirklichkeit.

Es geschieht das Äußerste, damit Gottheit und Menschen einander zuinnerst verbunden sind, gar aneinander teilhaben. Es geschieht am Stellvertreter. – Damit die Opfernden es sich ersparen und leben? Wenn es ihnen äußerlich bleibt, kann ihnen nicht geschehen, was im rituellen Opfer dramatisiert ist; dann bleiben sie tatsächlich draußen. Die ritualisierte Stellvertretung ist unaufhebbar ambivalent: wertloser Ersatzes für das eigentlich Erforderliche, aber eben nicht zu Leistende, und/oder gottgegebene Identifikationsmöglichkeit, die den Mitopfernden einen Weg eröffnet, sich in das durchgreifend verwandelnde, Gemeinschaft eröffnende Geschehen einzubringen. In christlicher Überlieferung ist eine radikale Konsequenz gezogen: Gott selbst wird der Stellvertreter, da er – in seinem Sohn – am Menschsein teilnimmt und den Menschen so die Teilhabe an sich eröffnet. Der Sohn erleidet das Äußerste, weil sich nur im Innersten – in seinem Innersten und im Innersten derer, der ihm nachfolgen – die Realität der Gottesteilhabe ereignen kann. Seine Stellvertretung ist keine Ersatzleistung, sondern die Eröffnung des Weges, auf dem die Glaubenden ihm nachfolgen, in die Gottesgemeinschaft hineinverwandelt zu werden. Die Verwandlung geschieht in der Liebe und zur Liebe hin: indem die Glaubenden teilnehmen an der Jesus-Gesinnung und so teilhaben an der Gottesgemeinschaft, die in der Liebe wirklich wird.

Man kann das gewiss auch sagen, ohne auf das religiöse Modell des Opfers zurückzugreifen. Aber es ist wohl deutlich geworden, dass es biblisch und in der Überlieferungsgeschichte des Christlichen nach der „Grammatik" des Sprechens vom Opfer gesagt ist. Das wird noch deutlicher und prekärer, wenn die Krise des Opfers nach ihrer anderen Seite hin zum Thema wird.

Was geschieht in und mit dem Opfer, wenn die Lebenswirklichkeit nichts mehr von der heilvollen Gottesgemeinschaft erkennen lässt, die doch im Opfer initiiert, begangen
oder erneuert wird? Wenn das Opfer „nichts nützt" – und
gerade so nach dem Nutzen der Opfer zu fragen zwingt?
Das *nichts nützende* Opfer bringt den Gottesglauben selbst
in die Krise. Es muss sich entscheiden, ob und inwiefern
sich die Gottesbeziehung an ihrer Nützlichkeit zu bewäh-
ren und bewahrheiten hat oder ob sie – wie wir immer noch
etwas hilflos sagen – ihre Bedeutung in sich selbst hat, weil
die Gottesbeziehung genau das ist, was dem Menschen ein
und alles sein kann, noch über das Gedeihen des Lebens
und sein Ende hinaus. Die Krise des Opfers: Was wird in
ihm *wirklich*: der um des Wohlergehens in dieser Welt willen erstrebte Zugang zum Göttlichen – oder eine Gottge-
meinschaft, welche „weit mehr" ist als die Ermöglichung
des Wohlsein in diesem Leben? Was aber wäre dieses *Weit
mehr*? Und muss es „auf Kosten" des Wohls Wirklichkeit
werden?

Die Fragen und Spannungen, die hier akut werden, sind
zweifellos enorm.[2] Sie haben christliches Glauben und Leben immer bestimmt, sind vielleicht wiederum in christlicher Sprache artikuliert. Die christologische Soteriologie
nimmt ja alle diese Fragen und Spannungen in sich auf: Die
äußerste Wirklichkeit des Leidens und Sterbens wird zum
Hineinverwandeltwerden in die Gottesgemeinschaft. Die
Gottesgemeinschaft wird wirklich, wo in der Wirklichkeit
eines Menschenlebens nichts mehr von der „Nützlichkeit"
Gottes erkennbar ist – wo Nützlichkeit und Heil geschie-
den werden. An diesem Wirklichwerden der Gottesgemeinschaft, für das die Sprache des Christlichen die Metapher
der Auferstehung (des Sohnes) gebildet hat, entzündet sich

die Hoffnung des Glaubens, dass auch das Äußerste an Leiden, Sterben, Gottesferne in die Gottesgemeinschaft hineinführen kann, dass nichts uns trennen kann von der Liebe Gottes, die in Jesus Christus so Wirklichkeits-bestimmend offenbar geworden ist (vgl. Röm 8,37–39).

Verrät sich hier nicht der typisch christliche Zynismus, der das Leid verklärt und es zum Vorletzten machen will, es gut sein lassen will für das Höchste und Größte? Das ist es ja gerade, was die Religionskritik am Christentum entlarvt: dass es die Menschen damit aussöhnt, „Opfer" zu sein, sie davon abhält, sich dagegen zu wehren, dass man sie zum Opfer macht. Das Opfer Jesu Christi als das normative Vor-Bild der Ergebung, der Geduld und Leidensfähigkeit, in der die Christen alles mit sich machen lassen, weil sie daran glauben, selbst Opfer sein zu müssen, um an der Gottesgemeinschaft teilzuhaben?[3]

Das „Argument" ist weit weniger eindrucksvoll, als man gemeinhin einzuräumen bereit ist. Christliche Soteriologie und Lebenslehre machen gerade nicht das Leiden, Erdulden und Sterben als solches zum Gott wohlgefälligen Opfer. Dann wäre es ja eine Leistung des Menschen, Gott angeboten, damit er vom Unheil erlöst. Die Menschen sollen nicht leiden, am wenigsten um Gottes willen. Aber wenn sie in den Abgrund des Leidens und des Todes fallen, so können sie auch darin noch Gott begegnen und seine Gemeinschaft finden. Das ist ihre in Jesu Christi Weg ans Kreuz und zum Vater begründete Hoffnung. Auch er sollte nicht sterben, sondern den Menschen die Gottesgemeinschaft öffnen und er-lebbar machen. Das Todesurteil, das Menschen über ihn verhängten, durfte nicht in letzter Instanz gültig bleiben. Noch im Abgrund des Todes hat der göttliche Vater sich mit ihm verbunden und ihn an seinem Leben neu teilhaben lassen, aus dem er ja immer gelebt hat. Und so dürfen alle, die ihm nachzufolgen versuchen, darauf hoffen, noch im Äußersten, das ihnen widerfährt, ins Innerste Gottes zu gelangen: nicht weil Gott Leiden und Tod will, sondern weil Leiden und Tod nicht mehr Gottferne bedeuten, nicht mehr ein Gott-leerer Abgrund sind.

Die Opfer-Logik scheint aber dahin zu verführen, Leiden und Sterben (Jesu Christi) gleichsam als Mittel anzusehen, die als solche das Gute – die Erlösung – bewirken könnten; die unglückliche, wenn auch zeitgeschichtlich verständliche Rede des Konzils von Trient vom Kreuz als der causa meritoria (Verdienstursache) unseres Heils[4] hat dieser Vorstellung unverdiente theologische Würden verliehen. Ein genauerer Blick auf eine Schlüsselstelle der paulinischen Soteriologie wird zeigen können, wie unangemessen diese Vorstellung ist. Er wird überdies eine dritte, eher hintergründige Dimension der Krise wahrnehmen, in die der Opfergedanke gesamtbiblisch geraten ist und in der er deshalb auch christlich verstanden werden muss.

Die Krise der Gottes-Epiphanie

In den theologisch hoch verdichteten Sätzen Röm 3,21–25 nennt Paulus das Kreuz Jesu hilastérion, den Ort, an dem Gottes Gerechtigkeit für alle offenkundig geworden ist. Bezug genommen ist hier auf den Sühnekult des Großen Versöhnungstages. Hilastérion steht vermutlich für kapporæt, den Deckel der Bundeslade. In der nachexilische Sühneliturgie wird die kapporæt als Schemel des Gnadenthrones JHWHs vorgestellt, von dem im bildlos-leeren Allerheiligsten des Tempels – die Bundeslade war ja längst verloren gegangen – Gottes Herrlichkeit (kabod) und Gerechtigkeit (sᵉdaqa) in das Volk hinein ausstrahlen, wenn der Hohepriester im Begängnis des Jom kippur das Blut des Opfertiers am Ort der Bundeslade ausgießt und in dieser Opfergeste das in Sünde geratene Volk vertritt, das sich nach der

Erneuerung der Gottesgemeinschaft ausstreckt. Das blutige Holz als Ort der machtvollen Gottes-Epiphanie, in der die Sünden-Macht der Abtrennung aufgehoben ist und Gottes aufrichtende Gerechtigkeit dem Volk neu zugutekommt: Dieses kultische Opfer-Drama wird auf das Kreuz Jesu hin metaphorisiert und – so die Logik dieses Abschnitts – in ihm unüberholbar zur Wirkung gebracht. Gott selbst überwindet von sich aus den letzten Rest der Abtrennung zu seinem Volk; sein Gnadenthron ist nicht mehr im Allerheiligsten eingeschlossen und nur einmal im Jahr und nur für den Hohenpriester und eben nur zugunsten des Volkes Israel zugänglich. Gottes Heilsgegenwart ist öffentlich hingestellt (proetheteto), heilswirksam für alle, die glauben, für alle, die das Kreuz Jesu Christi als den Ort der Heilsgegenwart Gottes – der Gottes-Herrlichkeit (der kabod und s^{e}daqa Gottes) – glauben.

Die in Sünde lebenden Menschen sind eingeladen, das Unglaubliche, unglaublich Befreiende zu glauben: Gottes Herrlichkeit wird sichtbar im Todesabgrund dieses Kreuzes. Sie erscheint im Äußersten, was Menschen vermögen, was die Sünde vermag: in dem, den sie in Gottes Namen zur tödlichen Gottferne verflucht haben.[5] Gerade hier nimmt Gott seine Wohnung; nicht der zerstörte Tempel aus Steinen, der zerstörte Tempel dieses Leibes ist der Ort seiner machtvollen Gegenwart. Diese Paradoxie setzt Gott gegen die kultischen Selbstverständlichkeiten, die Gottes Gnadenthron nach der herrlichen Erscheinung mächtiger Despoten modellierten, die den Zugang zu ihm als selten und im kultischen Opferbegängnis gewährtes Privileg für die Priester hüteten. In Jesu Kreuz macht Gott sich zugänglich, öffnet er das Allerheiligste. Oder nach dem Bild der johanneischen Passionsgeschichte: Im durchstoßenen Herzen des Gekreuzigten öffnet Gott sein Herz, so dass ihm Leben und Versöhnung entströmen (Joh 19,34).

Die Augen des Glaubens sehen am Kreuz als geschehen an, der Glaube glaubt am Kreuz endgültig geschehen, was in den religiösen Opfern immer wieder neu begangen wurde: Gott erscheint machtvoll zum Heil derer, die ihn im Opferbegängnis einladen, mit ihnen Mahl zu halten und sie in seine rettende Gemeinschaft aufzunehmen. Viele alttestamentliche Opferriten dramatisieren diese Geste: Menschen rufen Gott in ihre Mitte, bereiten den Ort der Gottes-Epiphanie, bringen sich ein, indem sie ihre Bereitschaft, Gott willkommen zu heißen und zu empfangen, in die rituelle Gesten der Bereitung eines Opfer-Mahles umsetzen. So wird Gott ein Ort inmitten des Volkes bereitet, wird getan, was Menschen tun können, damit Gott mitten unter ihnen als willkommener „Gast" gegenwärtig wird.[6]

Dass Gott selbst sich diesen Ort seines Willkommenseins bereitet, da er seinen Sohn in diese Welt sendet, dass er ihn da bereitet, wo Menschen sich mit letzter Konsequenz der Gottes-Epiphanie verweigern – Er kam in sein Eigentum, aber die Seinen haben ihn nicht aufgenommen (vgl. Joh 1,11) –, das kann nur der Glaube gegen die herkömmlichen Selbstverständlichkeiten der Opfer-Praxis wahrnehmen. Gottes Herrlichkeit und Heilsmacht in der Schande und Hilflosigkeit des Kreuzes: Das Unglaubliche gibt zu glauben, fordert zum Glauben heraus, weil hier – mit Schelling zu sprechen – das Höchste geschehen ist, „worüber schlechterdings nichts Größeres geschehen kann";[7] weil hier das Höchste wahrzunehmen und zu bedenken ist, über das Höheres gar nicht gedacht werden kann, weit größer noch als alles, wozu Denken sich von sich aus erheben könnte.[8]

So wird der Weg und die Sendung Jesu in der Grammatik der Opfersprache ausgesagt: indem die Kategorien und Selbstverständlichkeiten des Opfers zugleich auf die größere Selbstverständlichkeit der Liebe Gottes hin transponiert werden, wie sie in Jesus Christus erschienen und Wirklichkeit geworden ist; so Wirklichkeit geworden ist, dass die Glaubenden nicht mehr von dieser Wirklichkeit abgetrennt werden und verloren gehen müssten. Gott selbst hat sie sich erworben, hat sie ausgelöst aus dem Herrschaftsbereich der Sünde. Er wird sie sich nicht mehr entreißen lassen. Diese Transposition dehnt die Selbstverständlichkeiten des Opfers bis zum Zerreißen – und kommt doch immer wieder auf sie zurück. Und bei genauerem Hinsehen wird deutlich, wie diese Selbstverständlichkeiten immer schon in Spannung gesetzt, immer schon einem unaufhörlichen Prozess der Transposition und des Neu-Verstehens ausgesetzt waren. Die Zeugen des Neuen Testaments gehen hier vielleicht bis zum Äußersten, dahin, wo man von einem paradoxen Opfer zu sprechen geneigt ist, um das schlechthin Unglaubliche zur Glaubens-Herausforderung zu machen: Wenn man es „recht" versteht, geht Gott hier bis zum Äuersten, da er die Menschen zur äußersten und innersten Umkehr ihrer Glaubens-Einbildungskraft (Paul Ricœur[9]) herausfordert. Entwickelt diese äußerste hermeneutische Zumutung im Blick auf die Opfer-Logik heute noch ihre Herausforderungs-Kraft? Oder sagt sie den Menschen nichts mehr? Man sollte nicht vorschnell urteilen, ehe man sich dem Spannungsfeld ausgesetzt hat, das die neutestamentlichen Autoren mit ihrem höchst differenzierten und so nachhaltig transformierenden Rückgriff auf die Opfer-Logik und Opferpraktiken „erzeugt" haben.

Dieses sprachliche Spannungsfeld gegenläufiger, einander kontrastierender Opfer-Assoziationen bringt zuletzt und im Entscheidenden die Krise der im Opfer begangenen Gottes-Epiphanie zum Ausdruck – als Gottes Krise: dass Gottes Selbstmitteilung sich ganz in die sündhafte Menschenwirklichkeit hinein gibt, dass sie im Menschensohn Welt-wirklich wird, sich weder in „jenseitige Höhen" noch in übermenschlich-überwältigende Machtereignisse hinein entzieht. Nicht mehr die opfernden Menschen sind es, die dem unter ihnen erscheinenden Gott einen Platz einräumen. Gott selbst sucht sich und erwirkt sich den Ort seiner Präsenz in einer Menschenwelt, die seine Welt-Präsenz im Sohn aus der Welt schaffen will und an Kreuz ver-drängt.[10] Die Kenosis des Logos (vgl. Phil 2,5–11) in die Sündenwirklichkeit dieser Welt, die Gottes Präsentwerden von sich aus keinen Platz einräumt, ist das Gegenbild des Opfers, das Gott inmitten der Opfernden einen Platz bereitet; es ist in diesem Sinne Gottes „Opfer", damit die Menschen *in ihm* einen Raum finden für die Not ihrer Selbstverfehlung und ihrer hilflosen Suche nach einem Leben in Fülle.

Gottes kenotische Selbst-Hineingabe in die Menschenwelt geht bis zum Äußersten. Sie geht so weit, dass er seine Welt-Präsenz ganz auf den Menschen angewiesen sein lässt, in welchem sein Logos Fleisch wurde; und auf die Menschen, die dem Messias Jesus nachfolgen. Sie bezeugen, was aus den Menschen werden kann, die sich davon in Anspruch nehmen lassen, Gottes Wirklichkeit in dieser Welt Raum zu geben. Sie lassen sich – mehr oder weniger – hinein nehmen in Gottes Selbsthingabe; sie öffnen sich seiner Selbst-Hineingabe in die Menschenwelt und nehmen teil an der Opferdramatik, die sich darin vollzieht. Wer Gott Raum gibt, lässt sich der Gestalt seiner Kenosis gleichgestalten, damit die Menschen für ihr Suchen und Scheitern einen guten Ort finden. Wer Gott Raum gibt, lebt Gottes Gegenwart aus Gottes Geist in der Nachfolge des Messias Jesus; er lässt sich hinein nehmen in das Gegenbild des Opfers, mit dem Gott sich auf diese Welt einlässt, sie in sich einlässt.

Wo Gott Raum findet für seine Welt-Präsenz, gewährt er denen Raum in sich, die sich von ihm für sein Präsentwerden unter den Menschen haben gewinnen lassen. Wer sich von seiner Selbst-Hineingabe in die Welt zuinnerst erreichen, vom Logos ansprechen und vom Heiligen Geist bekehren lässt, der wird Glied am Leib Christi, an der leibhaften Gottes-Gegenwart des Christus, die tatsächlich Anteil gibt an Gottes Dasein für die Menschen. Das Geschehen des Daseins Gottes in den Gliedern des Leibes Christi wird kirchlich als *Eucharistie* begangen. Ist auch sie noch ein Opfer?

Sie lässt sich einschreiben in die Geschichte der Transpositionen und Umschreibungen, der Metaphorisierungen der Opferpraktiken und Opferlogiken, die biblisch immer schon im Gang waren: als Gegen-Bild in Entsprechung und Kontrast zu den Bildern und Dramatisierungen, in denen Gott-ergriffene Menschen das Präsentwerden ihres Gottes in der Welt begehen – diesem Präsentwerden opfernd dienen wollen und dabei mitunter bis zum Äußersten gehen, damit Gott sie zuinnerst erreicht und mit sich verbindet.

Die Krise des Menschen-Werks

Die Spur der so vielfach – bis in die Eucharistietheologie hinein – transponierten Opfer-Befremdlichkeiten und Opfer-Plausibilitäten haben wir da aufgenommen, wo dieser äußerste Selbsteinsatz der Opfernden ins Auge fiel: Sie bringen sich rückhaltlos ein, gehen bis zum Äußersten, um zuinnerst dem Göttlichen anzugehören, um zu erreichen, dass der Gott sich tatsächlich heilvoll mit ihnen identifiziert. Neutestamentlich fällt aber vor allem – und davon war eben die Rede – der Selbsteinsatz Gottes ins Auge des Glaubens: Gott geht in und mit seinem Sohn bis um Äußersten, um die Menschen mit sich zu versöhnen. Er nimmt an ihrem Todesschicksal teil, um ihnen an seinem Leben Anteil zu geben. Ist damit nun einfach ersetzt – weil von Gott selbst geleistet –, was die Menschen herkömmlich an Selbsteinsatz in das Opfer einbringen? Gott allein handelt – und tut genug. Die Reformation schärft es gegen die katholische

Neigung zur Werkerei ein, gegen die Rede vom Messopfer vor allem.

Die klassischen Kontroversen scheinen hier ausgeräumt.[11] Aber ob damit die hermeneutische Herausforderung zur Umkehr der Glaubens-Einbildungskraft im Blick auf die neutestamentliche Transposition des Opferdenkens schon „abgearbeitet" ist? Wogegen die Reformation sich mit letzter Energie wandte, war die Vorstellung, die Menschen müssten *Gott* etwas opfern, um *ihn* zur Liebe zu bekehren. Das wäre Blasphemie, Bestreitung des Gottseins Gottes. Er ist es doch, von dem alles Gute ausgeht. Wie kann man ihn da zum Guten bekehren, gar bestechen wollen! Nichts an diesem reformatorischen Einspruch ist zurückzunehmen oder zu bestreiten. Aber wenn zutrifft, was eben ausgeführt wurde: dass Gott in den Zeugen für seine Selbst-Hineingabe in die Schicksals- und Leidensgemeinschaft der Menschen Welt-präsent werden will, so sind die Menschen eben doch gefordert, sich ihrerseits zuinnerst in Gottes Selbsteinsatz hineinzugeben und dabei bis zum Äußersten zu gehen: dahin, wo Menschen auf das Zeugnis für Gottes Welt-vollendendes Wohlwollen angewiesen sind. Die Herausforderung zum Zeugnis dafür, dass nicht der Zynismus die Welt regiert und ihre „alles bestimmende Wirklichkeit" ist, sondern Gott die Menschen in seiner Liebe vollenden wird und die Glaubenden schon jetzt an dieser Liebe teilnehmen, kann das Äußerste abverlangen: Gehorsam gegenüber dem Geschenk der rettenden Welt-Präsenz Gottes im Tun der Liebe und im Hunger nach Gerechtigkeit, nach der Verwandlung der Welt in Gottes Herrschaft. Hat man deshalb nicht von den Opfern zu sprechen, die glaubende Menschen zu leisten haben, wenn sie sich von Gottes Welt-Präsenz als Zeugen in Anspruch nehmen lassen? Opfern sie sich, geben sie sich selbst an Gott hin, damit dieser unter den Menschen gegenwärtig wird?

Wer so spricht – und die Tradition spricht vielfach so –, hat sich vorzusehen, dass dabei nicht das Leiden in den Vordergrund rückt und man den Eindruck erweckt, Gott wolle den Menschen leiden sehen, um ihn so für die Gottesherrschaft „reif" und seiner Gnade würdig zu machen. Das wäre dann doch wieder „Werkerei": für Gott etwas leisten wollen, damit man ihm gefällig wird und er sich als gnädig erweist. Nein, wozu die Glaubenden gefordert sind, das ist allein ihr Solidarischwerden mit Gott in dieser Welt: dass sie ihm beistehen und zur Verfügung stehen dafür, Menschen zu erreichen und sie den Weg in seine Herrschaft hinein zu führen. Dafür lässt er sich auf Zeugen angewiesen sein; dafür nimmt er sie in Anspruch, mitunter bis zum Letzten und Äußersten.

Damit aber kommt auch das Mit-Wirken der Zeugen in die unabwendbare Krise, welche der Opfer-Logik noch einmal unabdingbare Unterscheidungen abfordert. Elementar – rechtfertigungstheologisch – gefordert ist die Unterscheidung zwischen Gottes Heilswerk und meinem Zur-Verfügung-stehen-Wollen: Was zum Heil anderer und zum Näherkommen der Gottesherrschaft geschieht, geschieht womöglich durch mein Zeugnis, nicht ohne meinen Einsatz. Aber es geschieht nicht in dem Sinne *durch* mich, dass ich das Handlungssubjekt wäre. Gottes Geist wirkt es; und es kann sein, dass ich ihm dabei zur Verfügung stehen darf, dass mein Einsatz gewürdigt wird, dem Heil des Nächsten und Gottes Herrschaft zugute zu kommen. Nicht mein „Opfer" – nicht meine möglichst selbstvergessene Selbst-Hineingabe in Gottes Wirken – ist heilswirksam, sondern allein sein guter Wille; wenn es so kommt: auch sein Wille, mein Zeugnis für seinen guten Willen gut sein zu lassen. Wo diese Unterscheidung nicht getroffen wird, fällt die Rede vom Opfer auf die Ebene der Manipulationsversuche zurück, so als müsste das Gute vom Menschen initiiert und

Gott für es durch meinen „selbstlosen" Einsatz gewonnen werden.

Wie vom Opfer sprechen? – Wie vom Opfer nicht sprechen?

Zum Ende dieser Überlegungen stehen wir wieder am Anfang. Soll christlich noch vom Opfer gesprochen werden? Soll, ja muss sich das christliche Sprechen von Erlösung, Eucharistie, (Lebens-)Zeugnis in der Grammatik und Semantik der Opfer-Plausibilitäten halten oder diese entschieden hinter sich lassen? Die Antwort fällt nicht so eindeutig aus, wie die gestellten Fragen es verlangen. Aber das liegt in der Sache, von der hier die Rede ist. Vom Opfer sprechen heißt immer, sich in einem weiten, nur diffus strukturierten, semantisch-pragmatischen Feld zu lokalisieren, sich in Beziehung zu setzen zu unüberschaubaren Transpositionen und Metaphorisierungsketten, die uns einigermaßen kontingent Artikulationsmöglichkeiten zuspielen, zur Kommunikation elementarer Erfahrungen plausibel machen, neue Transpositionen und Metaphorisierungen herausfordern – oder in Sackgassen führen. Mit all dem ist zu rechnen, wenn man christlich vom Opfer spricht.

Man kann daraufhin natürlich zu dem Schluss kommen, der hier zu leistende Präzisierungsaufwand sei so unverhältnismäßig hoch bzw. die in Opfermetaphern erschlossenen Artikulationsmöglichkeiten seien inzwischen so wenig aufschlussreich bzw. so unrettbar missverständlich, dass man gut daran tue, Opfer-Terminologien nicht mehr zu benutzen. Das ist – so scheint mir – eine Einschätzungs-, keine Bekenntnisfrage. Meine Einschätzung ist eindeutig die, dass man die nach wie vor zugänglichen Artikulationsressourcen der Opfer-Terminologien und Opfer-Metaphern theologisch kontrolliert nutzen sollte, ohne sich in den entsprechenden Verkündigungszusammenhängen oder religiösen Selbstverständigungen auf sie sklavisch festgelegt zu sehen. Man kann vieles auch anders sagen. Aber die semantischen Felder aufzusuchen, auf denen sich die Anknüpfungen und Transpositionen an Opfer-Terminologie und Opfer-Dramatisierungen biblisch vollzogen haben und im christlichen Glaubensbewusstsein immer noch vollziehen, bringt – so meine Einschätzung – immer noch Bezüge und Nuancen zum Vorschein, die anders kaum zugänglich wären.

Welcher Art die theologische Kontrolle ist, unter der das zu geschehen hat, und wie diese konkret wahrzunehmen ist, davon mögen die von mir hier angestellten Überlegungen einen ungefähren Eindruck vermitteln. Im *Resümee*: Es kommt christlich darauf an, die Metaphorisierungen und Transpositionen reflektiert nachzuvollziehen, die im biblischen Gebrauch von Opfer-Terminologien bzw. in den einschlägigen Metaphorisierungen erkennbar werden, ohne dass man unterstellen müsste, sie wären hier immer bewusst inszeniert oder intendiert gewesen. Wenn man nicht nachvollzieht, wie etwa Paulus im Römerbrief Sühnemetaphern in Anspruch nimmt und radikal umprägt, um Gottes Heilsgegenwart ausgerechnet im Gekreuzigten zu verstehen, der doch nach Dtn 21,23 der Gottverfluchte sein sollte; wenn man auch noch außer Acht lässt, welche Transpositions- und Metaphorisierungsgeschichte Sühnemetaphern schon alttestamentlich und dann in den unterschiedlichen neutestamentlichen Überlieferungssträngen erfahren haben, wird man sich verführt sehen, die placatio Dei (Besänftigung Gottes) als Ziel einer in Jesu Kreuz inszenierten kosmischen Sühneliturgie anzusehen. Oder man wird – wie etwa Hans Urs von Balthasar – unterstellen, dass der Gekreuzigte stellvertretend den vernichtenden Zorn Gottes auf sich gezogen habe, um diesen Zorn von den Menschen abzuwenden.[12]

Man dürfte theologisch – und das wäre der erste, herme-
neutisch schon entscheidende Merkposten – Opfermetapho-
riken und entsprechende Terminologien nicht *reifizieren*
und dabei unterstellen, wir könnten Aussagen machen über
ein gleichsam metageschichtlich und metaphysisch gültiges
Opferschema, nach dem sich Gott bei der Inszenierung der
Sendung seines Fleisch gewordenen und ans Kreuz gebrach-
ten Logos gerichtet hätte oder das er dabei zur Erfüllung geführt bzw. endzeitlich überboten hätte. Was man an den
Zeugnissen sehen und mehr oder weniger gut nachvollziehen kann, ist vielmehr dies: wie die biblischen Zeugen die
ihnen aus der Tiefe der Glaubensgeschichte Israels, ja der
ganzen Religionsgeschichte zugewachsenen Opfer-Plausibilitäten als Verstehens- und Artikulationshilfe in Anspruch
genommen haben, um die überwältigende Erfahrung der
erlösenden Gottesgegenwart im Gekreuzigten und Auferstandenen, die ihnen durch den Heiligen Geist zugänglich
wurde, für andere nachvollziehbar zum Ausdruck zu bringen. Der Inspirationsglaube sagt hier die Glaubensgewiss-
heit aus, mit dieser biblisch so repäsentativen Artikulation
sei im Entscheidenden getroffen, jedenfalls nicht verfälscht,
was hier von Gott her zum Heil der Menschen geschah.

Die theologische Kontrolle der Opfer-Sprache wird sodann – und das wäre der zweite Merkposten – sicherzustel-
len haben, dass gegenwärtige Bezugnahmen auf Opfer-Terminologien der deutlich erkennbaren Richtung biblischer
Transpositionen und Metaphorisierungen entsprechen.
Theologisch illegitim wären alle Bezugnahmen, die nicht
Gott selbst als Subjekt jenes innersten und bis zum Äußersten gehenden Selbsteinsatzes anerkennen, das man mit guten Gründen als den Grundvorgang des Opferns anzusehen hat. Das schließt es insbesondere aus, durch Rückgriff
auf Opfer-Terminologien den Eindruck zu erwecken, Gott
müsse – in welcher Weise auch immer – durch eine ihm

von Menschen (auch dem „Menschensohn") als Opfer dargebrachte Leistung dazu gebracht werden, Gnade vor Recht ergehen zu lassen.

Zum dritten Merkposten: „Gott wohlgefällige Opfer" (vgl. Röm 12,1) sind nicht Verzichte und Leiden als solche, als hätte Gott ein Gefallen daran, dass die Menschen sich um seinetwillen oder um ihres Glaubens willen möglichst schlimmen Leiden und Entbehrungen aussetzen. Leiden sind nicht der bei Gott zu hinterlegende Preis dafür, dass sich die Dinge bei mir oder im Ganzen zum Guten wenden. Sie können aber in der Antwort auf die Glaubens-Herausforderung zum Zeugnis unvermeidlich werden. Sie sind dann der Preis für die Kon-*sequenz*, mit der ein Mensch sich dem Präsentwerdenwollen Gottes in der Menschenwelt – der Ankunft seiner Herrschaft – zur Verfügung stellt. Er mag sich in dieser immer dem Gericht Gottes unterstellten, menschen-fehlbaren Zeugen-Konsequenz als Gottes Opfer für die Verwandlung dieser Welt in Gottes Herrschaft ansehen. Entscheidend bleibt aber, dass dem Herrn dieser Herrschaft an einem Leben in Fülle (vgl. Joh 10,10) und Gerechtigkeit, nicht an leidvoller Lebens-Einschränkung gelegen ist.

Weitere Merkposten wären geltend zu machen. Die genannten erscheinen mir vordringlich, um heute mit guten Gründen als besonders Christentums-sinnwidrig empfundene Anknüpfungen christlicher Überlieferungen an Opfer-Terminologien in die Schranken zu weisen. Widmet man ihnen die nötige theologische Aufmerksamkeit, trägt man das heute Mögliche dazu bei, die Missverständlichkeit des christlichen Redens vom Opfer so weitgehend zu begrenzen, dass es verantwortbar bleibt.

Anmerkungen

[1] Hier zitiert nach dem Neudruck: Meine Osterbotschaft „Die Erlösten", in: Joseph Wittig, Meine „Erlösten" in Buße, Kampf und Wehr, Meschede ³1986, 14–62, hier 20.

[2] Charles Taylor sieht hier eine Dynamik entbunden, die seit der europäischen Aufklärung den Trend zu einem „ausgrenzenden Humanismus" antreibt: Der Reduktion des Heils zum gesellschaftlichen und individuellen Wohl haben Frömmigkeit und Theologie immer weniger entgegenzusetzen. Das Wohl aber lässt sich ohne Bezug zur religiösen Transzendenz als Handlungs- und Hoffnungsziel stabilisieren; vgl. ders., Ein säkulares Zeitalter, dt. Frankfurt a. Main 2009.

[3] Vgl. etwa nur Friedrich Nietzsches Der Antichrist, Aphorismus 51: „Gott am Kreuz – versteht man immer noch die furchtbare Hintergedanklichkeit dieses Symbols nicht? – Alles was leidet, alles was am Kreuz hängt, ist göttlich ... Wir alle hängen am Kreuz, folglich sind wir göttlich..."

[4] Denzinger – Hünermann 1529–1530.

[5] Vgl. das Zitat von Dtn 21,23 in Gal 3,13.

[6] Zu dieser Deutung der nachexilischen Opferpraxis vgl. Alfred Marx, Les systèmes sacrificiels de l'Ancien Testament. Formes et fonctions du culte sacrificiel à Yhwh, Leiden 2005 bzw. ders., Opferlogik im alten Israel, in: Bernd Janowski – Michael Welker (Hg.). Opfer. Theologische und kulturelle Kontexte, Frankfurt a.M. 2000, 129–149. Bernd Janowski stellt im Anschluss an Alfred Marx als grundlegendes Merkmal des Opferverständnisses in Israel heraus: „Wenn Gott anlässlich eines Opfers kommt, dann nicht in Feindseligkeit, so dass man ihn – wie immer wieder behauptet wird – gnädig stimmen müsste, sondern um die Gastfreundschaft seines Volkes anzunehmen und um es zu segnen (Ex 20,24b)" (ders., Homo ritualis. Opfer und Kult im alten Israel, in: Bibel und Kirche 64 [2009], 134–140, hier 136). Wichtige Hinweise zur Sache verdanke ich Veronika Hoffmann, Skizzen zu einer Theologie der Gabe. Rechtfertigung – Opfer – Eucharistie – Gottes- und Nächstenliebe, noch unveröffentlichte Habilitationsschrift Erfurt 2012, Kapitel II.2: Das Opfer als Gabe an Gott.

[7] Vgl. Friedrich Wilhelm Joseph Schelling, Philosophie der Offenbarung. Zweiter Band, Darmstadt 1974, 27.

[8] Der Rückgriff Schellings auf das Proslogion des Anselm von Canterbury ist ja offenkundig; vgl. die zueinander in Spannung stehenden Formulierungen der Kapitel 2 und 15.

[9] Vgl. von ihm: Stellung und Funktion der Metapher in der biblischen Sprache, in: ders. – Eberhard Jüngel, Metapher. Zur Hermeneutik religiöser Sprache (Sonderheft der Evangelischen Theologie), München 1974, 45–70, hier 70.

[10] Vgl. Dietrich Bonhoeffers bekannte Formulierung: „Gott lässt sich aus der Welt herausdrängen ans Kreuz, Gott ist ohnmächtig und schwach in der Welt und gerade und nur so ist er bei uns und hilft uns" (Widerstand und Ergebung. Taschenbuchausgabe München [4]1967, 178 (Eintragung vom 16.7.1944).

[11] Vgl. zum Grundsätzlichen die *Gemeinsame Erklärung* des Lutherischen Weltbundes und der Katholischen Kirche *zur Rechtfertigungslehre* vom 4. März 1997.

[12] Man müsse – sagt Hans Urs von Balthasar – „ernstlich von einer Entladung des Zornes Gottes über den am Ölberg Ringenden sprechen" (ders., Theodramatik III: Die Handlung, Einsiedeln 1980, 322). Und er fügt hinzu, der Zorn des Vaters habe den Gekreuzigten „anstelle der Unzähligen" getroffen, „ihn wie ein Blitzstrahl in die Unzähligen hinein" zerspalten (ebd., 324f.). Solche missglückten Formulierungen sind – so scheint mir – auch nicht mit dem Hinweis darauf zu retten, hier gerate man an die Grenzen des theologisch Sag- und Denkbaren (vgl. ebd. 326).

Nur ein Sündenbock?

Dramatischer Zugang zum Erlösungstod Christi

Jozef Niewiadomski, Innsbruck

Das klare Urteil verfehlte seine Wirkung nicht. In seinem 1978 erschienenen Werk *Des choses cachées depuis la fondation du monde* hielt der franko-amerikanische Literatur- und Religionswissenschaftler René Girard klar fest: „Nichts in den Evangelien legt uns nahe, der Tod Jesu sei ein Opfer – wie immer dieses Opfer auch definiert werde: Sühne, Stellvertretung usw."[1] Vielmehr macht die biblische Offenbarung der Opferpraxis den Garaus. Mit einer derart pointierten Position schien sich Girard geradezu an die Spitze jener liberalen Opferkritik zu stellen, die zu Beginn der 70er-Jahre des letzten Jahrhunderts auch in den christlichen Kirchen die Oberhand gewonnen hat und deren theologischer Clou in der direkten Bestreitung der soteriologischen Relevanz des Kreuzes bestand. Jesuanisch – demnach auch legitim christlich – wäre demnach nur die Botschaft von der befreienden Gottesherrschaft gewesen, die aufgrund des Glaubens an die Erlösung durch den Kreuzestod verdunkelt wurde. Zwar starb Christus auch nach Girard, „damit die Menschen leben". Doch sollte man sich hüten, „diesen Akt als sakrifiziell zu bezeichnen", ihn in einen dogmatisch verfestigten soteriologischen Rahmen zu pressen. Was auf Golgota geschah war zwar eine Viktimisierung, gar ein Mord, wenn auch ein „rational verantworteter". Gemäß der biblischen Überlieferung habe schon der Hohepriester Kajaphas diese rationale Logik des Kreuzes auf den Begriff gebracht: „Es ist besser, dass ein einziger Mensch für das Volk stirbt." (Joh 18,14) In die Sündenbockrolle – wie unzählige Menschen vor ihm und auch nach ihm – gedrängt, nahm Jesus zwar die Rolle an. Doch hielt er an seiner Unschuld bis zum Schluss fest. Die dadurch entstandene Spannung zwischen der klaren Überzeugung aller Sündenbockjäger der Welt von der Schuld all ihrer Opfer und diesem einen an seiner Unschuld festhaltenden konkreten Opfer Jesus von Nazareth, mehr noch: sein klares Verankertsein in der biblischen Tradition jener gerade im Namen Gottes verfolgten Opfer, die zum Unterschied zu ihren Verfolgern in Gott den Anwalt der Opfer sehen, lüftete endgültig den Schleier einer sakralen, ihre Quelle im Blutvergießen habenden Religiosität und ermöglichte eine Religion, die ihr Zentrum in der ethischen Botschaft der Gewaltfreiheit und der Kultur der Bergpredigt hat. In der dadurch stattfindenden Aufdeckung der Mechanismen der Sündenbockjagd, auf deren religiöser Verschleierung menschliche Kulturen aufgebaut sind, zeigt sich auch die einzigartige revolutionäre Kraft der biblischen Tradition. Diese sei alles andere als gestrig. An der Wiege der modernen Sorge um die Opfer stehend, leistet sie den entscheidenden Beitrag zur Dekonstruktion einer Metaphysik der Gewalt.[2] Wenn die Götter archaischer Religionen letztendlich vergöttlichte, damit auch bis zur Unkenntlichkeit verschleierte menschliche Opfer, demnach also bloß Produkte menschlicher Projektion sind,[3] so ist Christus „nicht deshalb Gott, weil er gekreuzigt worden ist, sondern weil er von Ewigkeit her der aus Gott geborene Gott ist."[4]

Mit denselben Codes arbeitend wie die mythische Religiosität, entschleiert die biblische Offenbarung die Täuschung und die Lüge der Mythen und zeigt den wahren Gott als einen Gott, der frei von Gewalt ist. So lässt sie die Vorstellung einer Opfergottheit sterben.[5] Freilich funktioniert diese Art von Aufklärung nicht mechanisch. Bereits der Autor des Hebräerbriefs wäre der Versuchung einer erneuerten Verschleierung erlegen: indem er Gott wiederum in Verbindung mit der kollektiven Gewalt bringt und vom Tod Jesu als Opfertod spricht, „entlastet er die Menschen von ihrer Gewalt"[6] und weist schon im biblischen Kontext auf jene Tradition der Deutung des Kreuzestodes Jesu hin, die in der Geschichte des Christentums der Blutspur des Opferwahns, der Selbstabtötung und der Faszination der Gewalt Pate steht.

Der prägnante Begriff des Sündenbocks und das klare Urteil über die soteriologische Verdunkelung des Kreuzes Jesu seitens der Theologie erlaubten eine schnelle Katalogisierung und auch Verwerfung des durch Girard inspirierten innovativen Ansatzes,[7] sowie der durch Raymund Schwager initiierten theologischen Rezeption, der damit verbundenen Korrekturen und auch der Weiterentwicklung der Deutung des Todes Jesu in diesem Kontext.[8] Dabei war es gerade Raymund Schwager, dem es gelungen ist, einerseits die legitimen Gründe der liberalen Opferkritik ernst zu nehmen und eine radikale Kritik des blutrünstigen Gottesbildes durchzuführen, andererseits aber die Anliegen der biblischen Redeweise von Stellvertretung und Sühne und damit auch einen soteriologischen Mehrwert des Kreuzestodes Jesu in der modernen Sprache zu formulieren. Und so paradox es klingen mag, vermochte er dies zu tun, weil er wie kein anderer Theologe die religionsgeschichtliche Hermeneutik Girards beim Wort genommen und aus ihr theologisch-systematische Konsequenzen für die Erlösungslehre gezogen hat.

1. Abschiebung statt Erlösung

Girards Unterscheidung zwischen der Opfervorstellung, die sich in den Mythen niederschlägt, und dem Opferakt, den er klarerweise im Ritus wiederfand, erlaubte ihm die Annahme einer Entwicklung und einer Spiritualisierung der

Opfervorstellung im Verlauf der Religionsgeschichte, bei gleichzeitigem Festhalten an der Stabilität des Ritus. In der Tatsache dieser Konstanz sah Girard die eigentliche anthropologische Herausforderung, interpretierte deswegen auch die Mythen vom Ritus her, fokussierte somit seine Aufmerksamkeit auf das Tun der opfernden Menschen und nicht auf ihr Denken, suchte deswegen den Grund dieses Tuns abseits opfertheologischer Deutungen und stellte die blutige Tat in ihrer mit Händen greifbaren Materialität als Entladung kollektiver Aggression dar.[9] Damit vermochte er der weltweit verbreiteten Praxis religiöser Opferungen einen gesellschaftlichen Sinn zu geben – und zwar jenseits der überheblichen und sterilen aufklärerischen Diskussionen über die Dummheit archaischer Kulturen, die geopfert haben, weil sie über die Nichtexistenz der Götter noch nicht informiert waren. Mit seinen Thesen verband er auch den Religionsdiskurs mit zentralen gesellschaftlichen Diskursen und holte damit die Problematik der Religion aus dem Bereich der beliebigen Freizeithobbys in den Kernbereich der Sozialanthropologie zurück. Kultische Opferpraxis erschien ihm als ein die Gesellschaft sanierendes Antibiotikum: Ein Minimum kontrolliert eingesetzter Gewalt, das Minimum an rituell vergossenem Blut schützte in der archaischen Welt die Gruppe vor dem Ausbruch der alles zerstörenden Gewalt und dem unkontrolliert verlaufenden Blutinferno. Als Garant der Ordnung zeigte sich die Gottheit, die das rituelle Blutvergießen verlangte, keineswegs als der Inbegriff eines moralischen Monstrums. Da sie selbst als sakralisierter Sündenbock das Ergebnis des „pharmazeutischen Mechanismus" war, stellte ihr „Zorn" nichts anderes dar als einen sakralen Indikator für das Überhandnehmen diffuser Aggressivität in der Gesellschaft. Das rituelle Blutvergießen ermöglichte eine kontrollierte Entladung der Aggressivität, das auf der religiösen Wahrnehmungsebene mit der

Besänftigung der zornigen Gottheit identisch blieb. Auch wenn das ganze System auf Täuschungen basierte, sicherte es der Gruppe das Überleben. Die religionsgeschichtlich greifbare Verdrängung dieser Art von Pharmazeutik durch die Ausbildung des zentralen Gewaltmonopols machte zwar nach und nach den Opferritus in dieser zentralen die Gesellschaft erhaltenden Rolle obsolet, nicht aber dessen anthropologische Voraussetzungen. Die diffuse Aggressivität, die Tendenz, das durch den Menschen erfahrene Böse auf Dritte abzuschieben, und damit auch die alltäglichen Viktimisierungsvorgänge prägen ja weiterhin unser Leben und dies mit einer fast als banal zu qualifizierenden Selbstverständlichkeit. Diese quasi-anthropologischen Konstanten – und nicht erst ein abstrakt gefasster Sündenbegriff – werfen die Frage auf, ob es eine Erlösung von dem so erfahrenen Bösen gibt. Die archaische Religiosität konnte klarerweise keinen Erlösungsglauben kennen, steht doch in ihrem Zentrum nicht die Erlösung vom erfahrenen Bösen, sondern die unbewusst mit bestem Wissen und Gewissen vollzogene Abschiebung desselben auf Dritte. So paradox es klingen mag, scheint auch unser neuheidnisches – mit Gott nicht rechnendes – Zeitalter in einem Dilemma dieser Art zu stecken: sich vom Glauben an den erlösenden Gott im Namen des mündigen, sein Geschick autonom gestaltenden Menschen verabschiedend, treffen wir uns bei der alltäglichen Sündenbockjagd, verfeinern unsere Abschiebungsstrategien und sind im Grunde froh, dass wir noch die alten theologischen Denkschemata haben, die wir an den Pranger stellen können. Erfüllt aber gerade diese Art der Polemik in unserer medial strukturierten Öffentlichkeit nicht eine quasi-soteriologische Funktion so ganz nach dem Motto: Wozu brauchen wir einen erlösenden Gott, wenn wir unsere Sündenböcke haben?

2. Das infizierte Gottesbild

Inspiriert durch und auch zeitgleich mit Girard fragte Raymund Schwager[10] nicht nur nach der Eigenart biblisch-christlicher Glaubensaussagen „im religionsgeschichtlichen Garten", sondern auch nach der Tragweite der Infizierung des biblischen Gottesbildes durch diese Tendenz der Abschiebung des erfahrbaren Bösen. Die religionsgeschichtlich als banal einzustufende Tatsache der Beeinflussung biblischer Zeugnisse durch Götterbilder, durch Narrationen und Kultpraktiken umliegender Kulturen verhalf ihm zu dem Urteil, dass die biblische Sprache keineswegs immun sei gegen die Tendenz, das Böse auch auf Gott abzuschieben. Hand in Hand mit der im biblischen Offenbarungsprozess stattfindenden Dekonstruktion eines Gottes, der zur Besänftigung seines Zornes blutige Opfer verlangt, geht in der Bibel die prophetische Forderung und Förderung der Umkehr zu einem Leben das frei ist von den alltäglichen Viktimisierungen. Der ethische Ernst dieser prophetischen Botschaft stößt aber an eine scheinbar unüberbrückbare Grenze. Und dies nicht nur deswegen, weil viele Menschen zu dieser Umkehr nicht willig oder auch nicht fähig sind. Die Grenze wird vor allem durch die schmerzhafte – historisch keineswegs überholte – Erfahrung greifbar, wenn und weil die Propheten selber das Schicksal der Sündenböcke erleiden, ihren Zeitgenossen also zum Opfer fallen und – zumindest in ihrer Rhetorik – doch der Gewalt und einem gewaltsamen Gottesbild verhaftet bleiben. Ihre Hoffnungsbilder von einem erlösten Leben und einer neuen Gemeinschaft von Menschen geraten deswegen immer wieder in den Verdacht der Illusion. Diese im prophetischen Geschick sich artikulierende Sackgasse, welche aus der „Katastrophe der Ethik" zu entspringen scheint, wirft somit aufs Neue die Frage nach Erlösung auf. Nun sprengen die Lieder vom

Gotteknecht stückweise diese Sackgasse und zeigen auch einen Ausweg in Richtung des Erlösungsglaubens. Die dort greifbare Gestalt ist für unsere Problematik nicht nur deswegen von Bedeutung, weil deren Geschick mit dem Begriff „Sühne" in Verbindung gebracht und die Person des Knechtes auf weiten Strecken in der christlichen Tradition als „figura Christi" gedeutet wurde. Sie ist im alttestamentlichen Kontext zuerst insofern einmalig, weil sie in der Verfolgungssituation das erfahrene Böse nicht auf andere abschiebt. Der Gotteknecht verhält sich im Kontext seiner Viktimisierung radikal gewaltfrei, wünscht den Verfolgern die Vergeltung nicht und bittet auch Gott nicht, er möge ihnen ihr Geschick vergelten! Doch bleibt das Szenario seiner Verfolgung insofern mehrdeutig, als der Text immer wieder „Gott selber als Hauptakteur der Verfolgung" darstellt.[11] Liest man die Lieder durch den Fokus solcher Stellen, so wird das biblische Gottesbild den Bildern sakraler, sich aus dem vergossenen Blut der Opfer nährenden Gottheiten zum Verwechseln ähnlich. Dann schwindet der Unterschied zu Mythen, und das spezifisch biblische Bild des sich offenbarenden Gottes scheint bis in den innersten Kern infiziert zu sein von der Tendenz des Menschen, das Böse auf Dritte abzuschieben. Schon in diesem Zusammenhang – und erst recht im Kontext der neutestamentlichen Stellen – thematisiert Schwager die Grundambivalenz des traditionellen Erlösungsglaubens. „Die theologische Vorstellung von der Besänftigung des göttlichen Zornes durch die Sühnetat" kann den Weg freigeben für die Projektion eigener böser Neigungen in Gott hinein.[12]

3. Dramatische Umbrüche

Um die Differenz zu Opfergottheiten in den Vordergrund zu bringen, lenkt Schwager die Aufmerksamkeit auf die Tatsache, dass Deuterojesaja selber – und dies auf eine reflektierte Art und Weise – „im Namen Gottes direkt einen revolutionären Bruch" in der Geschichte der Wahrnehmung göttlicher Offenbarung verkündet: „Aber denkt nicht mehr an das, was früher war, auf das, was vergangen ist, sollt ihr nicht achten. Denn ich erschaffe jetzt etwas Neues. Schon wächst es heran, merkt ihr es nicht?" (Jes 43,18f.).[13] Dieses Neue hat sicher etwas mit der Beziehung Gottes zum Knecht und auch zu der ihn verfolgenden Menge zu tun. Es verdichtet sich eben nicht im Kontext der Viktimisierung, sondern in der Erfahrung der lebensfördernden Beziehung eines personalen Gottes zum Knecht selber, für die das Buch die Metapher vom „Öffnen des Ohres" verwendet. Der von Menschen verfolgte Knecht wird ja erst durch diese Beziehung zu seinem gewaltfreien Verhalten fähig (vgl. Jes 50,5f.). Das Neue hat aber auch etwas mit der Erfahrung der Meute zu tun. Die Verachtung einem vom Unheil getroffenen, von der verfolgenden Menge zu Tode gehetzten Menschen gegenüber, schlägt bei ihr in Staunen um. Es ist allerdings ein Staunen von anderer Qualität als jene Vergöttlichungsstrategie, von der die mythischen Kulturen geprägt bleiben. Die am Ursprung aller Projektionsvorgänge greifbare Abschiebungsstrategie und das sich dadurch einstellende Erlebnis der Befreiung vom Bösen weichen hier der Erkenntnis eigener Schuld am Tod des Knechtes und auch der Einsicht, der Knecht habe stellvertretend für die Vielen gelitten. Es „gingen ihnen die Augen und Ohren auf, und sie merkten, dass er wegen ihrer eigenen Verbrechen durchbohrt wurde".[14] Durchbohrt schon! Aber von wem oder wodurch? Etwa durch die Pfeile des göttlichen Zornes? Diese Vorstellung ist alles andere als zwingend. Schwager lenkt unsere Aufmerksamkeit auf die im Alten Testament weit verbreitete Überzeugung, dass Untaten auf das Haupt des Täters zurückfallen, und bringt diesen Glauben mit dem Geschick des Knechtes in Verbindung. Das Lied ist allerdings durch eine wesentliche Akzentverschiebung gezeichnet, die etwas Neues zum Ausdruck bringt: Nicht Schuldige, sondern ein Unschuldiger wird durch die Verbrechen der Vielen getroffen. Auf welche Weise und warum? Zieht man den Vers 53,6 in der Einheitsübersetzung zur Antwort heran, so wird man wohl folgern, „Gott selber habe die Sünden der vielen auf den Knecht gelegt und sie ihm folglich im juridischen Sinne angerechnet". Dieses Urteil scheint auch der ursprünglichen Überzeugung der Meute zu entsprechen, die ihr eigenes Verhalten als Erfüllung des göttlichen Willens gedeutet hat. Wie kann dann aber deren nachfolgende Schuldeinsicht verstanden werden? Unter Bezugnahme auf die Tatsache, dass die hebräische Sprache keinen Unterschied zwischen einem aktiven Verursachen und einem passiven Zulassen kennt, macht sich Schwager für eine andere Übersetzung stark: „Doch der Herr ließ es zu, dass wir all unsere Sünden auf ihn warfen."[15] Nicht Gott wäre demnach der Hauptakteur des Gewaltszenarios, sondern die Meute selber. Wie kann dann aber in einem solchen Kontext das Werfen von Sünden verstanden werden? Die Beschreibungen der Verfolgung lassen wohl keinen Zweifel an einer mit Händen greifbaren Materialität der Gewalttat. Die Verbrechen treffen das Opfer nicht im juridischen und auch nicht bloß im moralischen Sinn. Der Knecht wird ja geschlagen, verhöhnt, bespuckt, getötet und bei den Verbrechern begraben. „Die Gewalttäter übertrugen ihre Untaten real auf ihn."[16] Die in diesen Zusammenhängen stattfindende Stellvertretung ist deswegen mit dem Gewalttod eines Sündenbocks und seiner Viktimisierung identisch. Wie alle Sündenböcke der Weltgeschichte erleidet auch dieser die Ausgrenzung, die Gewalttaten und auch den Tod nicht, weil er diese verdient, sondern weil er an Stelle seiner Verfolger „zum Handkuss" kommt. Wenn aber das Geschehen der Stellvertretung zuerst in diesem sozialpsychologisch verstehbaren Sinn rekonstruierbar ist, warum spricht dann das Lied davon, dass der Knecht sein Leben als „Sühne" hingab? Wird damit nicht – wenn auch indirekt – angedeutet, dass der Knecht seinerseits sein Blut letztendlich doch einer Opfergottheit anbietet? Schwager ist sich dessen bewusst, dass solche Ambivalenzen vom Text allein nicht zu klären sind. Weil der Text „Neues" mit „Altem" vermischt, weil es sich um einen dramatischen Offenbarungsvorgang handelt, knüpft er zwar an die von den traditionellen Gesellschaften als selbstverständlich angesehene Notwendigkeit eines „Gegenschmerzes" bei den Tätern an. Die von ihnen zu leistende Sühne für die zugefügten Schmerzen scheint aber hier durch den gewaltfrei erlittenen Tod des Knechtes substituiert zu sein. Seine Haltung scheint all das zu bewirken, was sich die Alten von der Sühne erwartet haben. Zum einen schon deswegen, weil aufgrund des gewaltfreien Erleidens der Untaten durch den Knecht diese nicht auf die Täter zurückfielen. Zum anderen aber, weil die Täter in der Erkenntnis ihrer Schuld auf eine neue Art und Weise zu einer Gemeinschaft mit dem von ihnen verfolgten Opfer und auch untereinander finden. Mehr noch: Die Konfrontation mit dem auf diese Weise erlittenen Geschick bringt sie zur Umkehr: Sie staunen und scheinen gar den Weg zu einem neuen Gottesbild zu finden. Anstelle jener Opfergottheit, die sie zur Verfolgung animierte, tritt nun auch bei ihnen jener Gott in den Vordergrund, der dem Gottesknecht „jeden Morgen das Ohr öffnete", ihn zu gewaltfreiem Verhalten motivierte und auch für sein Recht über den Tod hinaus bürgt. Es ist dies jener Gott, der sich selber durch den Propheten „auf eine neue Weise als Person zu erkennen" gibt: „Darum soll mein Volk an jenem Tag meinen Namen erkennen und wissen, dass ich es bin, der sagt: Ich bin da" (Jes 52,6).[17] Es ist also nicht eine sakrale

Gestalt, die sich als Ergebnis von gewaltsamen Projektionen dekonstruieren lässt. Diese sind ja bereits im Kontext der Verfolgung des Gottesknechtes zusammengebrochen. Vielmehr ist es ein Gott, der „nicht auf eine mirakulöse Weise", oder gar mit Gewalt die diffuse Aggressivität und auch die Tendenz der Menschen das von ihnen erfahrene Böse auf Dritte abzuschieben aus der Welt entfernt und sie auf diese Art und Weise vom Bösen erlöst. „Wohl aber befähigt er seinen Knecht (einzelne oder eine ganze Gemeinschaft), fremde Untaten zu tragen, ohne mit gleicher Münze heimzuzahlen."[18] Auf diese Art und Weise sprengt er immer wieder neu jene Sackgasse, die sich aus der „Katastrophe der Ethik" ergibt und zeigt an, wo der Kern der von ihm bewirkten Erlösung zu suchen ist.

4. Golgota: Außenperspektive und Innensicht

Durch den auf diese Art und Weise geschärften Fokus deutet nun Schwager das Ereignis auf Golgota. Und er nimmt die in Christi Tod stattfindende Stellvertretung und auch die durch das Opfer „geleistete" Sühne wahr. Auch wenn er mit Hilfe der Logik von Girard in der Kreuzigung einen Mord im Kontext des Sündenbockmechanismus sieht, so widerspricht er trotzdem seiner Interpretation des Hebräerbriefes und seiner Ablehnung der Opferterminologie zur Deutung dieses Sterbens.[19] Wie schon im Geschick des Gottesknechtes ist es auch hier nicht Gott, der die Untaten auf das Opfer überträgt. Es sind die Menschen, die mit ihrem Tun den Tod Christi bewirken. Die Stellvertretung, die in Christus stattfindet, hat zuerst nur etwas mit jener Stellvertretung zu tun, der alle Sündenböcke der Welt unterworfen sind. Wird in opfertheologischen Entwürfen Gott zum Komplizen der Mörder gemacht, so ist das bereits eine Folge der Infizierung des Bildes des sich offenbarenden Gottes durch die Tendenz des Menschen, das erfahrene Böse auf Dritte zu projizieren, damit auch ein Rückfall in die sakrale Logik archaisch-heidnischer Gottesbilder. Im Unterschied zu unzähligen Sündenböcken der Weltgeschichte, die zufällig zu Fall kommen, ist aber Jesus ein „notwendiger Sündenbock"; mehr noch: er ist einer gegen den sich nicht bloß eine kleine Gruppe zusammenrotte. Vielmehr haben sich „alle Juden und alle Heiden" (vgl. Apg 4,27), demnach also alle Menschen aller Kulturen zusammengeschlossen. Als „notwendiger Sündenbock" „musste" er leiden. Doch nicht deswegen, weil der Vater diesen Tod vorausbestimmte. Alle Evangelien weisen darauf hin, dass seine Verkündigung von Anfang an Konfliktstoff enthielt. Die Botschaft von der befreienden Gottesherrschaft, die Schwager in Richtung der bedingungslosen Zuwendung Gottes zu den Sündern präzisiert,[20] stellte nicht nur eine Provokation dar. Sie wurde faktisch abgelehnt. Nachdem Jesus das Faktum der Ablehnung nicht tabuisierte, sondern im Kontext seiner „Gerichtspredigt" deutete,[21] spitzte sich die Feindschaft gegen ihn zu einem tödlichen Konflikt zu. Stellen nun diese Aussagen bloß eine Collage biblischer Zeugnisse dar, oder wohnt ihnen eine inhärente Logik inne?

Nimmt man die sozialanthropologischen Erkenntnisse Girards von der Tendenz des Menschen, das erfahrene Böse auf Dritte abzuschieben und den anderen dadurch zu dämonisieren ernst, und ruft man sich zugleich in Erinnerung, dass der auf diese Weise in Gang gesetzte Sündenbockmechanismus im Kontext archaischer Klarheit zur Genese der Opfergottheiten führte, so wird klar, warum ausgerechnet die Botschaft von der bedingungslosen Liebe Gottes dem Sünder gegenüber, damit auch die bedingungslos angebotene Vergebung eine derartig revolutionäre Kraft entwickeln muss. Sie trifft den in Mechanismen verstrickten Menschen direkt ins Herz, provoziert deshalb auch eine radikale Verweigerung und Abwehr. Spricht Girard im Kontext der Botschaft Jesu bloß von der Aufdeckung der Gewaltmechanismen, so vertieft Schwager diese Sichtweise, wenn er auch von einem abgründigen Hass und einem tiefen Groll gegen Gottes bedingungslose Liebe spricht, einem Hass, der selbst dem gewollten und ethisch motivierten gewaltfreien Verhalten im Wege steht und eine radikale Bekehrung, damit auch das Sich-Einlassen auf die Botschaft Jesu unmöglich macht. Nachdem sich Jesus aber mit seiner Botschaft restlos identifizierte, mehr noch: selber den Anspruch erhob, in einer tiefen Einheit mit dem bedingungslos liebenden Vater zu leben, ja selber der Sohn Gottes zu sein, musste sich logischerweise die Aggression und der Hass auf ihn entladen. So wurde er auf Golgota zum Opfer! Wie kann aber die Schrift von einer historisch greifbaren Person, die an einem geographisch identifizierbaren Ort hingerichtet wurde, sagen, dass sie von allen Menschen aller Zeiten verworfen wurde? Natürlich könnte man sich auf die Argumentationshilfen struktureller Natur berufen und im Sündenbockmechanismus eine Art Substruktur erblicken, die transhistorisch und transkulturell das menschliche Leben beeinflusst, deswegen auch so etwas wie strukturelle Dauerpräsenz insinuiert. Bliebe es bei diesem Hinweis, so wäre dieses eine Kreuz auf Golgota doch bloß nur eines von vielen.

Die Exklusivität dieses einen Kreuzes rührt von der klaren Entscheidung des Kreuzträgers selber her. Nachdem er zum Opfer gemacht wurde, identifiziert sich Jesus mit allen Opfern der Weltgeschichte.[22] Deswegen wird alles was dem Geringsten getan, oder auch nicht angetan wird, ihn selber treffen (vgl. Mt 25,40–45, aber auch Apg 9,4f.). Indem er selber alle Menschen, sofern sie Opfer sind – Opfer von fremden oder auch eigenen Untaten, aber auch Opfer struktureller Zwänge – in seine Lebensgeschichte inkludiert, bekommt der Akt seiner historischen Verwerfung und der

Mord auf Golgota eine universale Dimension. Die konkret handelnden Personen auf Golgota werden zu Rollenträgern in einem Drama, dessen Bühne die ganze Weltgeschichte bleibt.[23] Im wahrsten Sinne sind sie also an Ort und Stelle auch als Stellvertreter anderer präsent. Die Identifikation Christi mit allen Menschen, sofern sie Opfer sind, hat aber zur Folge, dass im Kreuzesgeschehen die Scheidelinie nicht zwischen verschiedenen Menschengruppen verläuft, nicht etwa zwischen den guten und durch das Wort bekehrten Nachfolgern und den „verstockten Juden".[24] Sie geht durch den Menschen hindurch. Als Täter von Untaten und Menschen, die das erfahrbare Böse auf Dritte abschieben stehen alle Menschen in der großen Allianz gegen Jesus. Als Opfer ist aber jeder Mensch jemand, mit dem sich der Gekreuzigte identifiziert. Wie der gewaltfreie Gottesknecht lässt sich Jesus von der Gewalttat auf physische Weise treffen, bleibt in seinem Sterben aber nicht nur ein Objekt des Handelns. Er stirbt in der aktiven Haltung der Hingabe an den Vater, einer Haltung, die ihrerseits nur eine Antwort auf die Haltung des Vaters zum Sohn bleibt, wird doch der Sohn vom Vater seit eh und je geliebt. Gerade diese Art des Sterbens vereitelt das Vorhaben der Meute, die vom Groll gegen die bedingungslose Liebe Gottes in ihrem Tun geleitet, gerade durch diese Tötung auch diese Liebe beseitigen will. Mit Gewalt kommt aber die Meute an diese Liebe nicht heran. Die Täter mögen zwar über den Körper ihres Opfers verfügen und diesen auch missbrauchen, den innersten Kern seiner Person erreichen sie nicht. Der Sterbende entzieht sich den Tätern, indem er sich an den Vater hingibt.[25] Erst aus der Kraft dieser liebenden Hingabe des Vaters an den Sohn und der liebenden Hingabe des Sohnes an den Vater kann aber das Opfer Jesus selber in eine Relation zu den Tätern treten. Er wendet sich an den Vater und bittet um die Herstellung einer vermittelten Beziehung zu jenen, die scheinbar nur eine direkte Konfrontation im Töten und Getötetwerden kennen: „Vater, vergib ihnen, denn sie wissen nicht, was sie tun" (vgl. Lk 23,34). Geht dieses Gebet ins Leere? Der Autor des Hebräerbriefes beschreibt das erlösende Handeln Christi als Fürbittgebet (Hebr 5,7–10)[26] und nennt Christus in einem Atemzug mit einer ganzen „Wolke" von Glaubenszeugen, die von Feinden umgeben, die Mechanismen des Bösen durch ihr fürbittendes Gebet durchbrechen.[27] Ähnlicher Logik ist auch die synoptische Tradition verpflichtet, die in der Auferweckung des getöteten Sündenbocks die Korrektur des Gleichnisses von den Bösen Winzern konstatiert. Dem Gleichnis (vgl. etwa Mk 12,1–12) gemäß reagiert der Vater auf die Ermordung seines Sohnes mit einer klaren Abrechnung. Er lässt die Mörder niedermetzeln und verpachtet den Weinberg an andere. Nicht so reagierte Gott auf die Ermordung des menschgewordenen Sohnes: Er weckt den Gekreuzigten auf, und dieser erscheint denjenigen, die im entscheidenden Moment versagt – deswegen auch sich selber als Gegner Jesu erlebt haben –, mit der Botschaft des Friedens und der Vergebung. Die Sackgasse, in die sich die Menschen durch die alltägliche Sündenbockjagd, durch die Tendenz, das erfahrene Böse auf Dritte abzuschieben, durch die „Katastrophe der Ethik" und viele andere Unheilzusammenhänge verrennen, wird dadurch gesprengt. Weil die Viktimisierung dessen, der sich mit allen *victimae* der Welt identifiziert hat, durch seine Haltung der Hingabe an den himmlischen Vater in ein *sacrificium* verwandelt wird.[28] Das glückliche Ende der Story wird allerdings gleich zum Problem. Die Erlösung präsentiert sich nicht als ein atemraubendes Event. Sie wird dort greifbar, wo die zwiespältige Wirklichkeit verwandelt wird. Nicht auf eine mirakulöse Weise! Atemraubend sind bloß die Sündenbockjagden. Wenn man erkannt hat, dass nicht nur die anderen ihre Sündenböcke haben, ist man schon gut unterwegs. Auf den Pfaden, die durch das Geschehen auf Golgota möglich geworden sind.

Anmerkungen

[1] René Girard, Das Ende der Gewalt. Analyse des Menschheitsverhängnisses. Erkundungen zu Mimesis und Gewalt mit Jean-Michel Oughourlian und Guy Lefort, Freiburg i. Br. 2009, 233.

[2] So die Rezeption des Ansatzes von Girard durch Gianni Vattimo, Glauben – Philosophieren. Stuttgart 1997.

[3] „Die Völker erfinden nicht ihre Götter, sondern sie divinisieren ihre Opfer" – so: René Girard, Ich sah den Satan vom Himmel fallen wie einen Blitz. München 2002, 94. Die mythologischen Gottheiten verdanken buchstäblich alles – vor allem aber ihren Status – der Gewalt.

[4] René Girard, Das Ende der Gewalt (Anm.1), 274.

[5] Ebd. 291.

[6] Ebd. 286.

[7] Als Paradebeispiel einer solch pauschalierenden und sich nur auf Schlagworte stützenden verwerfenden Katalogisierung aus jüngster Zeit sei Arnold Angenendts „Die Revolution des geistigen Opfers. Blut – Sündenbock – Eucharistie" (Freiburg i. Br. 2011) genannt. Die „Theorie vom Sündenbock" könne „das religiöse und zumal das geistige Opfer, wie es die Hochreligionen und gerade auch das Christentum propagieren", nicht erfassen (7).

[8] Die Weiterentwicklung des Ansatzes von Schwager erfolgt im groß angelegten Programm: „Dramatische Theologie" an der Theologischen Fakultät in Innsbruck. Vgl. http://www.uibk.ac.at/rgkw/drama/

[9] Zu einer kurzen Einführung in das Leben und Werk Girards vgl. Jozef Niewiadomski, Girard, René, in: Die Französische Philosophie im 20. Jahrhundert. Ein Autorenhandbuch, hg. v. Th. Bedorf und K. Röttgers. Darmstadt 2009, 141–146. Als systematische Einführung empfiehlt sich das Standardwerk: Wolfgang Palaver, René Girards mimetische Theorie: Im Kontext kulturpolitischer und gesellschaftspolitischer Fragen, Münster 2008.

[10] Die Entwicklung des kongenialen Dialogs zwischen den beiden Denkern, die gegenseitige Inspiration und auch die entscheidenden Korrekturen, die Girard aufgrund des Austausches mit Schwager vornahm, werden minutiös in der ausgezeichneten Dissertation von Mathias Moosbrugger beschrieben („Die Rehabilitierung des Opfers. Zum Dialog zwischen René Girard und Raymund Schwager über die Angemessenheit der Rede vom Opfer im christlichen Kontext". Manuskript, 510 Seiten. Innsbruck 2012).

[11] René Girard, Das Ende der Gewalt (s. Anm. 1), 208.

[12] Vgl. Raymund Schwager, Brauchen wir einen Sündenbock? Gewalt und Erlösung in den biblischen Schriften. München 1978, 237.

[13] Vgl. Ebd. 136 f.

[14] Ebd. 138.

[15] Ebd. 139.

[16] Ebd. 139.

[17] Vgl. ebd. 140.

[18] Ebd. 141.

[19] Girard hat unter dem Einfluss vom Schwager seine Position ausdrücklich korrigiert (vgl. René Girard, Mimetische Theorie und Theologie, in: Vom Fluch und Segen der Sündenböcke, hg. Jozef Niewiadomski und Wolfgang Palaver, Thaur 1995, 15-29.

[20] Vgl. Raymund Schwager, Jesus im Heilsdrama. Entwurf einer biblischen Erlösungslehre, Innsbruck 1990, 43-75.

[21] Die Gerichtspredigt Jesu darf nicht in der Logik des janusköpfigen Gottes oder gar als Ressentiment eines beleidigten Predigers verstanden werden. Wenn Jesus Gericht predigte so tat er dies auf der im Alten Testament vorgezeichneten Linie, die das Gericht als Selbstgericht einer in der Selbsttäuschung verfangenen Menschheit verstand. Mit seiner Predigt offenbart Jesus bloß die Verlorenheit, leistet sozusagen nur einen Aufklärungsjob.

[22] Vgl. Raymund Schwager, Jesus im Heilsdrama (s. Anm. 20), 109-153.

[23] Man muss dabei nicht gleich an die Konzeption des großen Welttheaters denken. Gerade im Zeitalter der Werbung und des durch Muster geregelten Verhaltens wird man an die „gehandelte Menschheit" – und dies trotz allen neuzeitlichen Autonomiepathos – denken können. Weil sich in der Geschichte der Menschheit die Projektions- und Aggressionsmechanismen sowie die Tendenz der Abschiebung des erfahrbaren Bösen auf Dritte durchhält, können die Menschen auch als Darsteller von typischen Rollen (von Opfer und Täter) begriffen werden. Entscheidend ist allerdings, dass es in diesem Drama keine neutralen Zuschauer (und auch keine sich wertneutral verhaltende, reflektierende Wissenschaftler) gibt.

[24] Mit der traditionellen antijüdisch ausgerichteten Anklage der Schuld am Gottesmord erreicht unter theologischer Hinsicht die Versuchung zur Abschiebung des erfahrbaren Bösen auf Dritte ihren nicht mehr zu überbietenden Höhepunkt.

[25] Jean Améry hat in seiner Erinnerung aus Auschwitz „Jenseits von Schuld und Sühne" (München 1966) über die extremen Folterungen geschrieben und über die Vermischung der Rollen zwischen Tätern und Opfern. Mit seinen Reflexionen nähert auch er sich jener sozialanthropologischen Wahrheit, die Girard im Kontext der archaischen Gesellschaften entdeckt und die er im Kontext der biblischen Offenbarung doch als eine – wenn auch überlebensnotwendige – Täuschung entlarvt. Améry hielt in seinen Erinnerungen fest, dass

gerade fromme Juden und Christen oft eine erstaunliche Resistenz im Folterprozess zeigten, weil sie sich – im Unterschied zu anderen Opfern – den Folterern durch ihren Glauben entziehen konnten. Er macht darauf aufmerksam, dass es in den stundenlangen makabren „Spielen" immer wieder zur Symbiose zwischen Tätern und Opfern kam. Und warum dies? Weil die Täter nicht nur verletzen wollen, nicht nur über den Körper die Macht gewinnen wollen, sie wollen ihr Opfer qua Opfer in ihrem „Spiel" dominieren, dieses in seiner Identität voll bestimmen. Richtet das Opfer – gerade im Hass – sein Begehren direkt auf den Folterer, gibt es seine Identität preis. Weil es sich nicht nur physisch, sondern auch psychisch viktimisieren und als Opfer bestimmen lässt, überlässt es sich im Grunde dem Henker. Dieser hat damit sein Ziel erreicht, er und nur er zeichnet für die Maske des Opfers verantwortlich, dessen Identität auf die Opferrolle reduziert wird. Das ist auch der Grund, warum sich der Henker in seiner Rolle als allmächtig erlebt: Seine Identität wird nämlich auf die Maske des Täters reduziert. Scheinbar einander entgegengesetzt treten damit Opfer und Täter in ein vielfältiges Feld mimetisch strukturierter Beziehungen; sadomasochistische Konstellationen und Rollentausch sind dann die Folgen. Der direkte Hass des Opfers auf den Täter schafft ja nur oberflächliche Distanz. Auch wenn in der Fantasie des Opfers der Hass scheinbar den Täter beseitigt, so bleibt dessen Stelle nicht leer. Das Opfer selbst steht in Gefahr, an die Stelle des Henkers zu treten, und ist auf dem besten Weg, sich selbst zu viktimisieren und sich selber zu opfern. Die Selbstopferung stellt als Inbegriff des Missbrauchs nichts anderes dar als die mimetisch bedingte Ersetzung des Opferers durch das Opfer selbst. Der Teufelskreis den die Faszination der Gewalt zu verantworten hat, bleibt weiterhin geschlossen, die erkenntnistheoretische Allmacht des Opfers verführt die Beteiligen: das Töten und Sterben wird in einem derart geschlossen Horizont als der eigentliche Ursprung des Lebens wahrgenommen.

[26] Mit dieser Fokussierung der Lektüre des Hebräerbriefes auf die soteriologische Relevanz des Fürbittgebetes hat Schwager Girard von seiner Verwerfung des Briefes wegen der opferkultischen – damit auch sakrifiziell archaischen – Logik abbringen und zur Revision seiner Ansicht über die verfehlte soteriologische Dimension des Kreuzigungsgeschehens bewegen können.

[27] Zur Problematik des Martyriums in diesem Kontext vgl. Jozef Niewiadomski, Märtyrer, Selbstopfer, Selbstmordattentäter, in: Ders. – Roman Siebenrock (Hg. in Zusammenarbeit mit Hüseyin I. Cicek und Mathias Moosbrugger), Opfer – Helden – Märtyrer. Das Martyrium als religionspolitologische Herausforderung, Innsbruck 2011, 275–291.

[28] Ähnlich Jan-Heiner Tück, Am Ort der Verlorenheit. Zur rettenden und erlösenden Kraft des Kreuzes Jesu Christi. In: zur debatte 3/2012, 22 (wieder abgedruckt in diesem Band).

Gott sühnt in seiner Menschwerdung die Sünde des Menschen

Karl-Heinz Menke, Bonn

Gänzlich und endgültig zu verabschieden ist die unselige Vorstellung, Gott der Vater habe gleichsam vom Himmel her zugeschaut, wie sein Sohn im Ereignis der Inkarnation auf die Seite der Menschen getreten ist und ersatzweise die Sünden der Brüder und Schwestern am Kreuz gesühnt hat (Satisfaktionstheorie). Auch wenn man betont, dass es bei der Opferung des Sohnes nicht um die Befriedigung der Gerechtigkeit des Vaters, sondern um die Wiederherstellung der Ehre des Sünders ging, wird die Satisfaktionstheorie nicht salviert. Denn auch so verstanden trägt sie einen Gegensatz in Gott hinein, der ganz und gar unbiblisch ist, nämlich den Gegensatz zwischen der Allmacht des *opfernden* Vaters und der Ohnmacht des *geopferten* Sohnes. Wer für möglich hält, dass der Vater den Kreuzestod seines Sohnes als Ausgleich (Satisfaktion) für die Sünde seit Adam wollte; und wer außerdem für möglich hält, dass der Vater den unschuldigen Sohn ersatzweise für die Sünder sterben ließ, obwohl er dies hätte verhindern können, der vertritt nicht nur eine antibiblische Theologie, sondern auch eine theologische Rechtfertigung von Gewalt.

1. Der Gekreuzigte als Offenbarer des trinitarischen Gottes

Alles, was die Heilige Schrift über die Notwendigkeit des Christusereignisses und besonders des Kreuzestodes Jesu sagt, basiert logisch auf zwei Voraussetzungen:

(1) auf der Prämisse, dass *Gott an sich* nicht anders gedacht werden darf als der in Christus offenbare *Gott für uns*;

(2) auf der Prämisse, dass der trinitarische Gott, der sich in Jesus Christus *als er selbst* geoffenbart hat, die Versöhnung mit dem Sünder nicht anders wirken *konnte* als durch die Selbsthingabe des Golgotha-Geschehens.

Gegen die erstgenannte Prämisse, dass Jesus die Offenbarkeit Gottes ist, lässt sich einwenden, dass zumindest die synoptischen Evangelien fortlaufend von einem Jesus erzählen, der sich von Gott (von seinem göttlichen „Abba") *unterscheidet*. Jesus weiß sich vom Vater gesandt; und er betet zu ihm. Ja, in der äußersten Agonie der Ölbergszene muss er sich buchstäblich durchringen zu der Übergabe des eigenen Willens an den Willen Gottes des Vaters (Lk 22,42). Aber – so bleibt zu fragen – bedeutet diese offensichtliche Selbstunterscheidung Jesu von seinem Vater, dass Jesus die Allmacht des Vaters unter deren Gegenteil, der gekreuzigten Ohnmacht, *verbirgt*? Bedeutet die Selbstunterscheidung Jesu von seinem Vater im Himmel, dass er bestenfalls dessen Instrument, aber nicht dessen Selbst*offenbarung* ist? Dann allerdings stünden die synoptisch bezeugten Selbstaussagen Jesu in einem logischen Widerspruch zu den johanneischen: *„Ich und der Vater sind eins."* (Joh 10,30). Und: *„Wer mich gesehen hat, hat den Vater gesehen."* (Joh 14,9b). Und: *„Niemand kommt zum Vater außer durch mich."* (Joh 14,6). Auch zu allen Aussagen des Neuen Testaments, die nicht nur den Vater, sondern ausdrücklich auch Jesus als „alleinigen Retter" (Apg 4,12), als „den Herrn aller Menschen" (Röm 10,12), als „den Herrn der Herrlichkeit" (1 Kor 2,8), als „den Ersten und den Letzten" (Offb 1,17; 22,13) und als „wahren Gott" (Joh 20,28; 1 Joh 5,20) bezeichnen. Bei Licht betrachtet sind die Aussagen der Heiligen Schrift über die Selbst*unterscheidung* Jesu von seinem Vater geradezu die

Erklärung der Aussagen über die Selbst*offenbarung* des Vaters im Leben und Sterben Jesu. Denn die geschichtlich gelebte Selbstunterscheidung Jesu vom Vater ist die Offenbarkeit der innertrinitarischen Selbstunterscheidung des ewigen Sohnes vom ewigen Vater. Das Gegenteil der von Jesus gelebten Selbstunterscheidung ist die Sünde; denn der Sünder will selbst Gott sein. Er will sich nicht von Gott sagen lassen, was gut und was böse ist; er will autonom und autark sein. Aber der Mensch ist nicht Gott; er wird im tiefsten Sinne dieses Wortes „un-menschlich", wenn er sich nicht mehr von Gott unterscheidet. Die Ursünde ist das Gott-sein-Wollen, die Verweigerung der Selbstunterscheidung von Gott, die Verweigerung des Gehorsams gegenüber Gott. Jesus lebt als wahrer Mensch[1] das Gegenteil der Sünde. Seine sündenlose Menschlichkeit ist die Offenbarkeit des trinitarischen Gottes, weil sie die geschichtlich gelebte Darstellung der innertrinitarischen Selbstunterscheidung des ewigen Sohnes vom ewigen Vater ist. Jesus lebt in Raum und Zeit dieselbe Selbstunterscheidung vom Vater, die der innertrinitarische Sohn ist. *So* und nur so ist er *personaliter* bzw. *hypostatisch* identisch mit dem ewigen Sohn.

Wäre Gott an und für sich auf andere Weise mächtig als Jesus der Gekreuzigte, dann wäre Jesus nicht die *Selbst*offenbarung Gottes; und dann würde man zu Recht fragen, warum der allmächtige Vater, so er dies doch konnte, den Kreuzestod Jesu nicht verhindert hat. Aber das gerade ist ja die Mitte, die Quintessenz aller christlichen Theologie, dass Jesus die *Selbst*offenbarung des trinitarischen Gottes ist. Papst Benedikt kleidet diesen Sachverhalt in das Bekenntnis: „Der brennende Dornbusch ist das Kreuz. Der höchste Offenbarungsanspruch, das ,Ich bin es' und das Kreuz Jesu sind untrennbar."[2] Das heißt doch: Gott hat keine anderen Möglichkeiten als die in Jesus, und zwar dem Gekreuzigten, geoffenbarten. Hier liegt für den muslimischen Schriftsteller Navid Kermani das Ärgerliche des christlichen Glaubens. Dass Christen mit dem Kreuz bzw. dem Kreuzzeichen Gott darstellen, bezeichnet er als abwegig, wörtlich: „als „barbarisch", als „Gotteslästerung und Idolatrie"[3]. Weil der Barockmaler Guido Reni (1575–1642) den Gekreuzigten in der römischen Kirche San Lorenzo in Lucina so dargestellt hat, dass Jesus vom Kreuz gar nicht tangiert scheint, entdeckt Kermani in diesem Bild eine Brücke zu seinen eigenen Vorstellungen von dem, was mit Gott vereinbar oder unvereinbar ist. Bekanntlich setzt die islamische Tradition voraus, dass Jesus gar nicht gelitten hat und erst recht nicht am Kreuz gestorben ist (Sure 4,157f), weil nicht einmal ein Prophet bzw. Repräsentant Gottes, geschweige denn Allah selbst, durch einen leidenden oder gar gekreuzigten Menschen darstellbar ist. Kermani will sagen: Gott ist doch das Gegenteil von Ohnmacht und Passivität, das Gegenteil von Leid und Tod. Deshalb – so folgert er – ist die christliche Symbolisierung Gottes durch das Kreuz Blasphemie.

Wo das Christentum an Jesus ablesen will, wer Gott ist und wie Gott ist, verbietet der Islam mit seinem Bilderverbot jede geschöpfliche Repräsentation Gottes. Wo das Christentum über die Vereinbarkeit von Gerechtigkeit und Barmherzigkeit, von Allmacht und Liebe nachdenkt, predigt der Islam die absolute Transzendenz des ganz anderen Gottes, der seinen Willen, nicht aber sein Wesen mitteilt.

Kermani ärgert sich zu Recht. Auch wenn er das Gemälde von Reni gründlich missversteht, hat er doch Recht mit der Feststellung, dass die Darstellung Gottes durch den Gekreuzigten das Christentum grundlegend vom Islam trennt. Das ist die Mitte des christlichen Glaubens: In der Menschwerdung und Kreuzigung des Sohnes setzt sich der Vater mit und in seinem Sohn dem Hass der Sünder aus. Der Vater kann den Kreuzestod des Sohnes ebenso wenig verhindern wie der Gekreuzigte selbst. Denn der trinitarische Gott ist als die Beziehung des Vaters zum Sohn und des Sohnes zum Vater jene Liebe, die sich eher kreuzigen lässt als irgendetwas, und mag es das objektiv Beste sein, zu erzwingen. Es ist erstaunlich, dass die christliche Ikonographie zu derselben Zeit, in der die scholastische Theologie ihre Satisfaktionstheorie konstruierte, mit der Darstellung des sogenannten „Gnadenstuhls" ein Bild etabliert hat, in dem die Selbsthingabe des Sohnes in der Einheit des Heiligen Geistes (in den Gnadenstuhldarstellungen meistens als Taube zwischen dem Antlitz des Vaters und dem Antlitz des Gekreuzigten dargestellt) *zugleich* die Selbsthingabe des Vaters ist[4]. Und wenn der Evangelist Markus einen heidnischen Hauptmann unter dem Kreuz die Worte sprechen lässt: „Wahrhaftig, das war Gottes Sohn." (Mk 15,39), dann heißt das doch: Der Sohn ist in seinem Leiden und Sterben nicht nur *Objekt* der ihn kreuzigenden Gewalt, sondern in der Selbsthingabe an den Vater auch *Subjekt* der Liebe des Vaters zu den Sündern[5].

Die Allmacht des trinitarischen Gottes *ist* identisch mit der Liebe des Gekreuzigten. Der biblisch bezeugte Gott kann nichts, auch das Beste nicht, nicht einmal die Heiligkeit eines einzigen Menschen, erzwingen. Der biblisch bezeugte Gott will Mit-Liebende. Der Grund seiner Schöpfung ist der Bund mit dem Menschen. Und der Inbegriff der Bundespartnerschaft mit Gott ist Freiheit, wirkliche (formal unbedingte) Freiheit. Der Schöpfer hat sich mit dem kontingenten Faktum seiner Schöpfung unwiderruflich selbst dazu bestimmt, sich von den Folgen der Freiheit seiner Geschöpfe real bestimmen zu lassen[6]. Er hat sich deshalb nicht zu einem ohnmächtigen Zuschauer degradiert. Aber sein Handeln in Welt und Geschichte ist ein *Bundes*handeln, das die einmal gewährte Freiheit bzw. Eigenständigkeit des geschöpflichen Bundespartners in keiner Weise revozieren oder gar aufheben kann.

2. Der Gekreuzigte: Nicht nur Offenbarer, sondern auch Erlöser

Bis hierher, so vermute ich, habe ich nichts gesagt, was dem Vortrag widerspricht, den Magnus Striet am 8. Februar in der Katholischen Akademie München gehalten hat[7]. Mein Dissens beginnt da, wo er die biblische Redewendung von der Sühne unserer Sünden durch den Gekreuzigten ablehnt. „Gott", so sagt er, „sühnt in seiner Menschwerdung nicht die Sünde des Menschen [...]. Gott leistet in der Menschwerdung die Satisfaktion für seine eigene Schöpfungstat, indem er sich als Sohn das zumutet: Ein Leben, das nicht nur voller Schönheit und Lust sein kann, sondern auch ungeheure Abgründe bereithält. Wenn man so will, sühnt Gott sein riskantes Schöpfungswerk [...]."[8]

Wenn ich diese Sätze richtig verstanden habe, will ihr Autor sagen: Die Kehrseite eben jener unbedingten Liebe, die oben als das Wesen des trinitarischen Gottes beschrieben wurde, ist auf Seiten der zu wirklicher Freiheit befähigten Schöpfung die Opfergeschichte von Abel bis Auschwitz. Wie denn, so fragt Striet, sollen die Opfer dieser Kehrseite an Gott festhalten? Sie können es, so vermutet er, wohl nur dann, wenn Gott im wahrsten Sinne dieses Wortes *selbst* auf die Seite der Opfer tritt. Deshalb – so seine Schlussfolgerung – geht es in dem ganzen Drama zwischen Bethlehem und Golgotha nicht um die Versöhnung des Sünders mit Gott, sondern um die Glaubwürdigkeit eines Schöpfers, der die Freiheit, die er seiner Schöpfung geschenkt hat, auch dann nicht revoziert, wenn diese Freiheit ihre Möglichkeiten so furchtbar pervertiert wie in Auschwitz.

Im Kern wiederholt Striet in seinem Münchener Vortrag die von Hans Kessler vertretene Einzeichnung des Christusereignisses in die biblisch bezeugte *Offenbarungs*geschichte. Aus Kesslers Sicht ist das Christusereignis nur für den Menschen heilsbedeutsam, der auf Grund dieses Ereignisses *glauben* kann, dass Tod und Unrecht nicht das letzte Wort haben. Aus seiner Sicht ist das Christusereignis ein intersubjektives Geschehen zwischen dem Offenbarer und dessen Adressaten.

Aus meiner Sicht ist es das *auch*; aber *nicht nur*. Denn Christus hat *ganz unabhängig vom Glauben seiner Adressaten* für alle Menschen aller Zeiten eine grundlegende Veränderung bewirkt.

Striet und Kessler erklären das Christusereignis als Ausdruck der absoluten Liebe, die mit der Freiheit auch die Möglichkeit der Sünde gewährt, aber andererseits nicht tatenlos zuschaut, wie Menschen angesichts von Unrecht und Tod an Gott verzweifeln. Kessler bemerkt: „Hoffnung *gegen* Unrecht und Tod, schließlich auch Hoffnung über Unrecht und Tod *hinaus* ist Konsequenz des Jahweglaubens, nicht primär menschlichen Überlebenswillens. Die treibende Kraft war nicht der Wunsch von Menschen, ihr Leben ins Unendliche zu verlängern (das lag Israel völlig fern), sondern die Überzeugung, *dass Gott sich noch als Gott erweisen und Gerechtigkeit schaffen werde.* […] Der Durchbruch durch die Todesgrenze zur Hoffnung auf ein Leben der Toten geschah seit etwa 300 v.Chr. in drei Kontexten […]: (1) In *prophetischer* Tradition wagt man es, die Hoffnung auf universale Gottesherrschaft dahin gehend zu radikalisieren, dass Jahwe auch den ,Tod überwinden‘ und ,die Tränen von jedem Antlitz abwischen‘ werde, auch die Verstorbenen daher am Heil teilhaben und in das große Lob Gottes einstimmen werden (Jes 25,6–8; Ps 22,28–30). (2) *Weisheitliche* Beter sind von der Frage gequält, ob Jahwe den ihm treuen, aber verfolgten Einzelnen im Tod im Stich lassen, also das Unrecht bestätigen werde, und sie wagen die Antwort: Nein, der Tod kann sie nicht entreißen […]. (3) *Apokalyptiker* sagen Menschen, die wegen ihrer Jahwetreue gefoltert und getötet werden, zu, dass sie aus dem Totsein ‚aufleben, aufstehen, erwachen und jubeln' werden (Jes 26,14.19; Dan 12,1–4); die Gewalthaber werden nicht über ihre Opfer (und über Gott) triumphieren; die Auferweckung der Toten ist Gottes Widerspruch gegen die Macht des Faktischen [...]."[9] – Vor dem Hintergrund dieser Entwicklung des JHWH-Glaubens erklärt Kessler das Vertrauen des sterbenden Jesus in die je größeren Möglichkeiten des göttlichen Vaters und den Glauben der Auferstehungszeugen an das vollkommene Gerettetsein des zu Unrecht Gekreuzigten als Sinnziel der Inkarnation. Striet drückt denselben Gedanken in seinem Münchener Vortrag so aus: „[...] angesichts dieses Lebens und dieses Todes und angesichts der Auferweckung Jesu gibt es keinen Grund mehr, noch einen Zweifel zu hegen, dass Gott alles tun wird, um das von ihm mit der Schöpfung Riskierte zu einem guten Ende zu führen. Der Glaube ist endgültig möglich geworden, weil Gott sich endgültig offenbar gemacht hat."[10] Vor dem Hintergrund dieser Aussage ist der Kreuzestod Christi kontingenter Ausdruck der radikalen Liebe des trinitarischen Gottes zu denen, die nicht glauben und nicht hoffen. Und das ist zutreffend; aber, so meine ich, keine hinreichende Beschreibung des Christusereignisses. Denn Christus hat für alle Menschen aller Zeiten ein für alle Mal die Entmachtung der Sünde bewirkt.

3. Das Sühnegeschehen oder: Die Notwendigkeit von Inkarnation und Kreuzesopfer

Mit Pröpper und Striet bin ich der Auffassung[11], dass eine augustinistische Erbsündenlehre, die den Zusammenhang zwischen Sünde und Freiheit zerreißt, weder dem biblischen Befund, noch den Intentionen des Konzils von Trient entspricht. Denn aus Röm 5,12 kann man zwar ableiten, dass alle Adamiten gesündigt haben; nicht aber, dass *durch* die Ursünde alle Menschen zu Sündern geworden sind. Und wenn man das Dekret des Tridentinum über die Ursünde (DH 1512) nicht isoliert, sondern im Horizont des Dekretes über die Rechtfertigung (DH 1525) liest, dann darf man folgern, dass die Universalität der Sünde zwar ein *Faktum*, aber keine *Notwendigkeit* ist; ja, dass die Zuschreibung von Sünde ohne jegliche Schuld des Sünders die Zerstörung des biblischen Gottes- und Menschenbildes bedeuten würde. Natürlich hat die Ursünde Folgen nicht nur für den ersten Sünder; aber zurechenbar ist Sünde im Sinne von Schuld immer nur nach dem Maß der Freiheit des Sünders. Augustinus und Luther freilich *identifizieren* das *Sein* des Sünders mit der *Sünde* und das *Sein* des Gerechtfertigten mit dem *Glauben*. Auf der Basis dieser Identifikation von Sein und Akt (Aktualismus) errichtet Kierkegaard das Paradoxon: *Ein Mensch, der nicht an Gott glaubt, kann nicht sündigen, weil nur sündigen kann, wer an Gott glaubt; und ein Mensch, der glaubt, kann nicht sündigen, weil Glaube das Gegenteil der Sünde ist.* Nur wenn der Sünder als formal unbedingt freies Ich von der Sünde, die er begeht, unterschieden bleibt; und nur wenn das Subjekt des Glaubens nicht identisch ist mit seinem Glauben, lässt sich die von Kierkegaard formulierte Aporie vermeiden. In diesem Punkt pflichte ich den Ausführungen von Magnus Striet ausdrücklich bei: „Faktisch sündigt ein jeder, der glaubt, sogar wenn er sein Leben ganz aus den Möglichkeiten der liebenden Zusage Gottes gestalten würde.“[12] Denn niemals ist der Gläubige identisch mit seinem Glauben, und niemals ist der Ungläubige (der Sünder) identisch mit seinem Unglauben (mit seiner Sünde).

Striet definiert Sünde als im Glauben immer wieder neu aufkeimenden Unglauben. Das ist zutreffend, aber nicht hinreichend. Denn Sünde ist mehr als ein Glaubensmangel, mehr als das Zurückbleiben des je Einzelnen hinter dem unbedingten Sollen seiner Gottesbeziehung. Sünde ist in der gesamten hebräischen und griechischen Bibel auch eine objektive Wirklichkeit. Wenn ich einen anderen Menschen verleumde, ist meine Falschaussage eine objektive Wirklichkeit, die ihre Eigenwirksamkeit entfaltet. Wenn ich einen anderen Menschen demütige, ist die bewirkte Verletzung eine objektive Wirklichkeit, die durch nichts und niemanden, auch von Gott nicht, ungeschehen gemacht werden kann. Wenn der Schöpfer dem Menschen wirkliche Freiheit geschenkt hat, dann kann er die Folgen dieser Freiheit nur um den Preis seiner Schöpfung annihilieren. Die in der Liebe realisierte Freiheit schafft objektive Wirklichkeit; aber auch die in der Sünde pervertierte Freiheit. Der Sünder schafft eine Wirklichkeit in Raum und Zeit, die mit dem trinitarischen Gott ganz und gar unvereinbar ist. Und der Sünder kann sich von den Folgen der einmal von ihm gesetzten Wirklichkeit „Sünde" nicht selbst befreien. Er ist zwar nicht identisch mit der Sünde, aber an die Wirklichkeit gefesselt, die er gesetzt hat. Denn er kann sich nicht selbst von der Bindung an diese Wirklichkeit befreien; im Gegenteil, sie wird ihm zum Gefängnis, zu dem, was das Alte Testament mit einem Bild aus dem religionsgeschichtlichen Umfeld Israels als „Scheol" beschreibt. Die „Scheol" ist das Gegenteil von Leben und Zukunft; gleichsam der Ort, an dem Gott nicht ist und den er auch mit der Kraft seiner barmherzigen Liebe nicht beseitigen kann. Letzteres deshalb nicht, weil der Schöpfer mit der Ermöglichung wirklicher Freiheit die Setzung einer Wirklichkeit riskiert hat, über die er im wahrsten Sinne dieses Wortes nicht verfügen kann. Das ist die Ungeheuerlichkeit der Sünde: Sie ist eine objektive Wirklichkeit, über die Gott nicht einfach verfügen kann. Wenn der Schöpfer sich – salopp formuliert – auf den Balkon seines Himmels stellen und „urbi et orbi" die Folge jeder Sünde annihilieren könnte, dann wäre der Mensch gar nicht frei; er hätte vielleicht das Gefühl von Freiheit; aber wenn es völlig gleichgültig wäre, ob er sündigt oder nicht, weil Gott die Folge jeder Sünde sofort beseitigen könnte, dann wäre er nur scheinbar, aber nicht wirklich frei.

Nur unter der Voraussetzung, dass der biblisch bezeugte Schöpfer seine Schöpfung mit wirklicher Freiheit begabt hat und deshalb die Folgen dieser Freiheit nicht einfach beseitigen kann, lässt sich ermessen, welchen Graben die Ursünde und jede weitere Sünde zwischen Gott und dem Menschen aufgerissen hat. Dieser Hiatus ist keine bloße Relation zwischen dem einzelnen Sünder und Gott. Er ist eine objektive Wirklichkeit, die der Schöpfer nur um den Preis seiner gesamten Schöpfung annihilieren kann.

Und doch steht Gott dieser Wirklichkeit nicht ohnmächtig gegenüber. Denn als der trinitarische Gott kann er die Beziehung, die er selber ist, hineintragen in das Andere seiner selbst, in die Schöpfung, genauerhin in das Menschsein jenes Einen, der in Raum und Zeit (geschichtlich) dieselbe Relation zum göttlichen Vater lebt, die der innertrinitarische Sohn ist. Und nicht nur das: Er kann in diesem Einen die Beziehung, die er selber ist, hineintragen in den Tod. Gemeint ist zunächst der physische Tod; aber mit dem physischen Tod auch die besagte „Scheol". Denn der physische Tod ist seit dem Sündenfall nicht mehr Übergang des Menschen in die ewige Gemeinschaft mit Gott, sondern die Trennung jedes Sünders von Gott. Weil Jesus den physischen Tod ohne Abstriche stirbt, aber auch in seinem physischen Sterben nicht aufhört, der Sohn zu sein, gelangt mit dem Geschehen von Golgotha nicht nur er selbst, sondern auch der von ihm untrennbare Vater dahin, wo das mit ihm völlig Unvereinbare ist, der „Ort der Sünde", die „Scheol". So wahr das wirkliche Totsein des Gekreuzigten ist[13], so wahr ist auch das Fortbestehen der hypostatischen Union des toten Jesus mit dem innertrinitarischen Sohn. Der bis zur Passivität des wirklichen Totseins reichende Gehorsam des Sohnes trägt das Leben nur dann in den Tod, wenn durch seine Passivität die Aktivität des Vaters in die Scheol gelangt. Die Osterliturgie preist Jesus als den, der im Tod (gemeint ist der physische Tod) den Tod (gemeint ist die Scheol, die Trennung von Gott) besiegt hat. Das heißt: Mit dem Abstieg des einen Menschen, der auch als Toter der vom Vater ungetrennte Sohn bleibt, ist der oben beschriebene Hiatus ein für alle Mal aufgehoben[14]. Mit dem Christusereignis ist die Sünde, und mag sie so abgründig wie die der Täter in Auschwitz sein, keine Wirklichkeit mehr, die den Sünder an die von ihm in der Sünde gesetzte Wirklichkeit fesselt. Die Osterikone der Ostkirche stellt Christus als den dar, in dem Gott selbst bis in die abgründigste Gottesferne herabsteigt, um die Sünder aus den Fesseln ihrer Sünde herauszuzuziehen. So ist er die Sühne ihrer Sünde.

Die Scheol existiert nicht mehr, weil der von Christus umarmte Sünder nicht mehr von seiner Sünde festgehalten wird. Allerdings ist diese Sühne des „neuen Adam" ebenso wenig wie die Ursünde des „alten Adam" ein Automatismus. Vielmehr ist der Gekreuzigte wie eine in jede Tiefe hineinreichende Hand, die der Sünder ergreifen oder ablehnen kann. Hans Urs von Balthasar unterscheidet deshalb strikt zwischen dem Singular „Scheol" und dem Plural „Höllen". Im Vergleich zur Scheol als dem Inbegriff der den Sünder an sich fesselnden Sünde ist die Hölle der Zustand des je einzelnen Sünders, der die ihn von der Scheol befreiende Hand des Erlösers willentlich ablehnt. Im Vergleich zur Scheol ist jede Hölle revidierbar durch die Umkehrung des ‚Nein' in ein ‚Ja' zu Christus. Während die Scheol die Verunmöglichung jeder Kommunikation mit Gott ist, ist die Hölle des je Einzelnen ein an Christus gerichtetes ‚Nein' und also eine – wenn auch negative! – Gestalt der Kommunikation mit Christus[15].

Der trinitarische Gott erzwingt nichts; er hat dem Menschen wirkliche Freiheit geschenkt; deshalb lässt er sich von den Adressaten seiner Kenosis wirklich betreffen, und zwar so unbedingt, dass das Drama der Weltgeschichte offen bleibt. Die Hölle der Ablehnung des Christusgeschenkes bleibt möglich. Wir dürfen zwar hoffen, dass die Hölle leer geliebt wird. Aber wir können uns dessen nicht sicher sein. Zwar wäre das Verbleiben auch nur eines einzigen Menschen im Zustand der Verweigerung (Hölle) eine ungeheure Tragödie nicht nur für den Verweigerer, sondern auch für die *Communio Sanctorum* und besonders für Gott selbst. Doch erzwingen kann die in Christus offenbare Liebe Gottes nichts, nicht einmal das Ja-Wort eines einzigen Menschen.

Und wer immer die ausgestreckte Hand des Erlösers ergreift, bleibt Bundespartner des Erlösers; das heißt, er soll seinerseits Mittel und Werkzeug der ihn rettenden Hand werden. Abstrakter formuliert: Die exklusive Stellvertretung des für alle Menschen in die Scheol Herabgestiegenen bedingt die inklusive Stellvertretung der so von ihm Beschenkten. Balthasar spricht von der „Kirche aus dem Kreuz"[16] und von der „mit Christus gekreuzigten Kirche"[17]. Er will damit sagen: Keiner kann das Geschenk der gekreuzigten Liebe privatistisch für sich selbst empfangen; Christusgemeinschaft gibt es nur im Modus der Inklusion in sein Für-Leiden. Dabei geht es nicht um eine oberflächliche Solidarität, um psychologische Anempfindung oder bloße Nachahmung, sondern um die biblisch durchgängig bezeugte Tatsache, dass Christus jedes einzelnen Christen bedürfen will, um auch die Verhärtetsten seiner Brüder und Schwestern zu retten. Die trinitarische, in der Kenosis des Karfreitags und Karsamstags offenbare Liebe degradiert ihre Adressaten nicht zu bloßen Empfängern, sondern will Mit-

Liebende. Diesen Sachverhalt der Inklusion in den stellvertretenden Gang des Erlösers zum Kreuz und zu den Toten meint Paulus, wenn er seine eigene Sendung mit den Worten beschreibt: „Ich erstatte ergänzend für den Leib Christi, die Kirche, an meinem Fleische, was von den Bedrängnissen Christi noch aussteht" (Kol 1,24). Dieses Wort darf nicht additiv verstanden werden. Denn die inklusive Stellvertretung der Christen setzt die exklusive Stellvertretung des Hingangs Jesu an das Kreuz und zu den Toten als Bedingung ihrer eigenen Möglichkeiten voraus. Aber unter dieser Voraussetzung gilt dann auch, dass der Christ durch, mit und in Christus Berge versetzen und Höllen aufbrechen kann.

Das Kreuz ist und bleibt in jedweder Form das von Gott nicht Gewollte. Aber genauso wahr ist, dass die Liebe, die sich den Folgen der Sünde (der pervertierten Freiheit) aussetzt, das Antlitz des Kreuzes trägt. Wer diese Liebe glaubt, erfährt den Tod nicht mehr als Trennung von Gott, sondern als Zugang zum Vater; erfährt aber auch, dass dem Christen auf Grund seiner Inklusion in die Stellvertretung des Erlösers ein härteres Kreuz auferlegt wird als dem Nichtchristen. Es gibt kein Christsein ohne das Tragen der Last des Anderen. Nicht zufällig ist das Kreuzzeichen das Erkennungszeichen der Christen. Ganz bewusst stellen Christen Kreuze nicht nur in Kirchen, sondern auch an Wege und auf Gipfel und Häuser. Denn das Kreuz ist seit Ostern das Erkennungszeichen des Gottes, der nichts erzwingt und gerade so die Verneinung seiner selbst besiegt.

Kessler[18] und Striet[19] erinnern an den von Kant und Benjamin beschriebenen Graben zwischen dem unbedingten Sollen der transzendentalen Vernunft und einer Realität, in der gerade die Gerechten die Verlierer sind. Und sie erklären das Christusereignis als Offenbarung des Gottes, der die Opfer der Geschichte nicht vergisst, sondern den Schrei nach Sinn beantworten kann. Doch sie erklären nicht, welche Möglichkeiten Gott außer den in Jesus Christus offenbarten hat. Der Sinn, mit dem die Opfer pervertierter geschöpflicher Freiheit *im Nachhinein* belohnt werden, kommt definitiv zu spät; er *kann* gar nichts anderes sein als der Kompensationshimmel, in den Dostojewskijs Romanfigur Iwan Karamasow aus guten Gründen auch dann nicht eintreten will, wenn er zugelassen würde. Und außerdem: Wäre das Christusereignis im Vergleich zu der vorausliegenden Heilsgeschichte nur die graduell intensivere Offenbarung bzw. Verheißung von Sinn wider alle Sinnlosigkeit, warum hat Gott dafür nicht den einfacheren und zudem unblutigen Weg der *Inspiration* gewählt? Warum das Drama der *Inkarnation* zwischen Bethlehem und Golgota?

Die Antwort auf diese Frage liegt in der oben erklärten Tatsache, dass die Sünde eine objektive geschichtliche Größe ist, die auch von Gott nur um den Preis der geschöpflichen Freiheit ungeschehen gemacht werden könnte; die also, wenn überhaupt, dann nur innergeschichtlich bekämpft und besiegt werden kann. Der in das Bild des Scheol-Abstiegs gekleidete Vorgang geschieht da, wo die Sünde ist, und also im Raum der Geschichte. Das Christusereignis ist ein geschichtliches Ereignis. Auch die Auferstehung Jesu kann daher nicht als schlechthin transgeschichtlich bezeichnet werden. Balthasar spricht von einem „die Geschichte übersteigenden Ereignis *innerhalb* der Geschichte"[20].

4. Jesus Christus als Brücke zwischen Ewigkeit und Zeit, zwischen Zeit und Ewigkeit

Die protestantische Theologie verbindet mit der Rede von der Alleinwirksamkeit Gottes auch die Vorstellung, mit dem Tode werde der alte Mensch (der Sünder) durch einen neuen Menschen (in Heiligkeit und Gerechtigkeit) ersetzt.

Das von der protestantischen in die katholische Theologie[21] gewanderte Theologumenon „Auferstehung im Tod" wendet sich ursprünglich gegen jede Vorstellung von einer Kontinuität durch den Tod hindurch. Es steht für radikale Diskontinuität zwischen prämortalem (geschichtlichem) und postmortalem Leben. Zeit und Ewigkeit erscheinen so gesehen wie zwei unverbunden nebeneinander stehende Parallelwelten. Die christologischen Konsequenzen sind gravierend. Denn unter dieser Voraussetzung kann man den geschichtlichen Jesus nur noch als Symbol des göttlichen Sohnes bezeichnen. Er ist dann nur so etwas wie ein innergeschichtliches Medium des offenbarenden Vaters; bestenfalls eine bisher unübertroffene Stufe der alttestamentlich bezeugten Heilsgeschichte; nicht aber etwas völlig Neues, nicht etwas grundsätzlich Unüberbietbares[22]. Kurzum: Unter der Voraussetzung absoluter Unverbundenheit von Zeit und Ewigkeit sind die beiden Ereignisse von Inkarnation und Auferstehung nur Symbole, nicht aber die tatsächliche Überwindung des Hiatus zwischen Schöpfer und Geschöpf, zwischen Himmel und Scheol.

Weil die den Sünder von Gott trennende Macht der Sünde eine innergeschichtliche Wirklichkeit ist und also auch nur innergeschichtlich besiegt werden kann, *musste* der Ewige *als er selbst* eintreten in die Zeit (Inkarnation). Gott begegnet dem Sünder nicht mittels oder im Medium Jesu, sondern *als* dieser Mensch. Er überwältigt den Sünder auch da nicht, wo er ihn von dem Gefesseltsein an seine Sünde (Scheol) befreit. Er hält sich ihm hin. Dieses innergeschichtliche Sichhinhalten ist das Phänomen des Leibes Christi: zunächst des historischen, dann des verklärten und des eucharistischen Leibes. Dieser Leib ist auch am Karsamstag die reale Anwesenheit des vom göttlichen Vater untrennbaren Sohnes. Und dieser Leib ist auch nach Ostern die reale Anwesenheit Gottes in Zeit und Raum, in Welt und Geschichte. Denn der verklärte bzw. eucharistische Leib des Auferstandenen ist nur ein anderer Zustand desselben Leibes, der von Maria geboren, der gekreuzigt und begraben wurde. *Wie* genau die *Kontinuität* zwischen irdischem und verklärtem Leib, zwischen der Geschichte Jesu vor dem Osterereignis und der Vollendung des Gekreuzigten nach dem Osterereignis zu denken ist, bleibt dem Denken der Theologie überlassen. Aber *dass* es diese Kontinuität gibt, ist von kaum überschätzbarer Bedeutung für den Glauben an den *Bundes*charakter des Versöhnungs- und Vollendungsgeschehens.

Wäre Jesus qua Mensch im Vorgang des Ostergeschehens nur Medium oder Demonstrationsobjekt des versöhnungswilligen Gottes und nicht auch der mit ihm gemeinsam Handelnde[23], dann wäre die Versöhnung ein transgeschichtliches Dekret, das uns durch Jesus mitgeteilt bzw. offenbart wurde. Nein, das Versöhnungs- oder Sühnegeschehen der Erlösung ist ein *Bundes*handeln. Weil Jesus – wahrer Mensch, in allem uns gleich außer der Sünde (Hebr 4,15) – freiwillig (DH 553–559)[24] Ja sagt zum Willen des Vaters, ist er unendlich viel mehr als ein Medium der Offenbarung, nämlich neuer Anknüpfungspunkt der Liebe des Vaters in der von ihm mit Freiheit begabten Schöpfung. Diesen Anknüpfungspunkt, der er selber ist, lässt er im Sterben des physischen Todes hineintragen bis in die äußerste Gottesferne seiner Brüder und Schwestern. Wer sich, obwohl Sünder, mit dem in die Scheol gesenkten Leib des Gekreuzigten vereinen lässt, ist nicht mehr an seine Sünde gebunden, sondern hineingenommen in den *neuen Bund*. Diese Bundespartnerschaft ist zuerst und zunächst ein reines Geschenk; aber deshalb nichts Punktuelles, nicht Fertiges oder Abgeschlossenes, sondern der Beginn eines Weges, der erst in der vollendeten Gemeinschaft mit dem zum Vater Erhöhten sein Ziel erreicht.

Die Auferstehung bzw. Erhöhung des in die Scheol Gesenkten zum Vater ist die Voraussetzung für den heilsuni-
versalistischen Charakter des geschichtlichen Christusereignisses. Denn „das Wesen Mensch, an dem wir alle Anteil
haben, [ist] auf eine unerhörte und neue Art eingetreten ins
Innere Gottes. Es bedeutet, dass der Mensch in Gott Raum
findet auf immer. Der Himmel ist nicht ein Ort über den
Sternen, er ist etwas viel Kühneres und Größeres: das Platz-
haben des Menschen in Gott, das in der Durchdringung von
Menschheit und Gottheit im gekreuzigten und erhöhten
Menschen Jesus seinen Grund hat. Christus, der Mensch,
der in Gott ist, ewig eins mit Gott, ist zugleich das immer-
während Offenstehen Gottes für den Menschen. Er selbst
ist so das, was wir ‚Himmel' heißen, denn der Himmel ist
kein Raum, sondern eine Person, die Person dessen, in dem
Gott und Mensch für immer trennungslos eins sind. Und
wir gehen in dem Maß auf den Himmel zu, ja, in den Himmel ein, in dem wir zugehen auf Jesus Christus und eintreten ihn."[25]

Wie das Christusereignis das reale Eintreten Gottes selbst
bzw. des Ewigen in die Zeit ist, so ist die Erhöhung des Erlösers das reale Eintreten der Zeit in die Ewigkeit. Wer mit
ihm Gemeinschaft hat, kann seine Zeit in die Ewigkeit tragen[26]. Bilanzierend darf man formulieren: *Christus verbindet in seiner Person endliches und ewiges Sein, Zeit und
Ewigkeit; deshalb ist er unendlich viel mehr als Wegweiser
und Offenbarer.*

Besonders bedenkenswert erscheinen mir In diesem Zusammenhang die Reflexionen Béla Weissmahrs SJ (1929–
2005) über den Zusammenhang des Dogmas von der hypostatischen Union mit der neutestamentlichen Bezeugung
des leeren Grabes. Der Münchener Philosoph vertritt die
These, dass man nur dann von einem realen Eintritt Gottes
in die Geschichte und von einer realen Aufnahme des Ge-

schöpfes Jesus in die innerste Wirklichkeit Gottes sprechen kann, wenn das Prinzip des Endlichen (die Materie) nicht aus der Vollendung des zum Vater Erhöhten ausgeklammert wird. Weissmahr betont, dass wir nur deshalb von Materie sprechen können, weil wir wissen, was ‚Geist' ist. Geist ist das Phänomen des Bei-sich-Seins, im Idealfall das Phänomen des Selbst-Bewusstseins, das Wissen eines endlichen Seienden um seine Endlichkeit und also die Selbsttranszendenz auf das Nichtendliche (Absolute). Materie ist der Gegenbegriff zu Geist. Sie ist „das ‚Nicht-Bei-sich-Seiende', das für Transzendenz überhaupt Verschlossene"[27]. Allerdings gibt es nirgendwo die Materie als solche. Die konkrete Materie ist immer durch einen gewissen Grad des Bei-sichseins gekennzeichnet. Ein ‚total von sich Verfremdetsein' bzw. ein totaler Mangel an Selbststand und Selbstidentität ist undenkbar. Ein Seiendes, das in gar keiner Weise bei sich wäre, wäre schlicht und ergreifend nichts. Zusammenfassend formuliert Weissmahr: „Materialität als solche ist das Prinzip des Nichtseins im Seienden. Geist ist also im Grunde identisch mit Sein, das eben im Maße seiner Endlichkeit materiell ist. Reine Materialität wäre die vollständige Seinslosigkeit. Das konkrete Materielle verhält sich demnach zum Geist niemals kontradiktorisch, sondern nur mehr oder weniger konträr, da es immer schon irgendwie geistig ist."[28] Der Grad des Bei-sich-seins entscheidet über die Hierarchie des Seienden. Je mehr ein Geschöpf bei sich ist, desto mehr faltet es das Viele, aus dem es besteht, ein in eine Einheit, die, wenn sie sich ihrer selbst bewusst ist, „Ich" und „Du" sagen kann. Geist im eigentlichen Sinn gibt es folglich erst dort, wo man von *personalisierter* Materie sprechen kann[29]. Was personalisierte Materie ist, kann man an Menschen beobachten, die die Kirche heiliggesprochen hat. Es gibt eine Durchdringung des Körpers durch die Person eines Menschen, die das Phänomen unbedingter Lauterkeit zur Anschauung bringt. Und man darf die Vermutung äußern, dass zuweilen der Leichnam eines Heiligen lange unverwest bleibt, weil die Materie, aus der er besteht, in höherem Grad als bei anderen Menschen personalisiert wurde. Es gibt Materie, die für immer zur Identität eines Menschen gehört. Diese Materie wird nicht mehr von der sie formenden Person getrennt (nicht mehr ausgetauscht); deshalb ist ganz und gar durchpersonalisierte Materie so wenig empirisch wahrnehmbar wie die Geistseele bzw. Person, von der sie geformt wird. Allerdings wird Materie nie selbst geistig; sie bleibt das Prinzip der Endlichkeit[30]. Ratzinger bemerkt deshalb: „Wenn es das Wesen der Seele ist, ‚forma' zu sein, dann ist ihre Zuordnung auf Materie hin unaufhebbar [...] man müsste sie selber auflösen, um ihr dies zu nehmen."[31] Das trifft auch auf Jesus zu, der als der zum Vater erhöhte Erlöser wahres Geschöpf und also endlich bleibt. Es gibt bei aller Diskontinuität auch eine gewisse Kontinuität zwischen der Materie des ins Grab gelegten Leibes Jesu und der verklärten Materie des zum Vater erhöhten Erlösers. Diese Kontinuität bezeugen alle vier Evangelisten mit ihren Erzählungen vom „leeren Grab". Weissmahr bemerkt: „*Nur bei Jesus von Nazareth ist die Auferstehung wegen seiner unbedingten Selbsthingabe bereits voll Wirklichkeit geworden.* Bei den anderen Menschen ist dies im allgemeinen noch nicht der Fall[32]; ihre Selbsthingabe in ihrem Leben und Tod ist nicht so intensiv und vollständig, dass sie die Fülle der Endgültigkeit für sich sofort herbeiführen könnte. Die volle Endgültigkeit kann sich erst langsam und wie durch eine gewisse Läuterung durchsetzen."[33]

Christus ist der Beginn des Eintretens der Geschichte in die Ewigkeit. Der Grad der Gemeinschaft jedes Einzelnen mit ihm entscheidet über das Fortschreiten der Vollendung. Und intensivere Gemeinschaft mit Christus bedeutet zugleich intensivere Inklusion in seine gekreuzigte Liebe zu den Brüdern und Schwestern, die sich der ausgestreckten Hand des Inkarnierten immer noch verweigern.

Anmerkungen

[1] „Gott entschlägt sich in seiner Erniedrigung nicht seiner Gottheit, sondern bestätigt sie gerade darin." (H.U. v. Balthasar, Mysterium Paschale, in: Mysterium Salutis, Bd. III/2, hg. v. J. Feiner u. M. Löhrer, Einsiedeln 1969, 133–319; 183).

[2] J. Ratzinger/Benedikt XVI., Jesus von Nazareth, Bd. I. Von der Taufe im Jordan bis zur Verklärung, Freiburg 2007, 401.

[3] Navid Kermani, Warum hast du uns verlassen?, in: Neue Züricher Zeitung vom 14.3.2009.

[4] Dazu: R. Feldmeier, Der Gekreuzigte im „Gnadenstuhl". Exegetische Überlegungen zu Mk 15,37–39 und deren Bedeutung für die Vorstellung der göttlichen Gegenwart und Herrschaft, in: M. Philonenko (Hg.), Le Trône de Dieu [WUNT 69], Tübingen 1993, 213–232.

[5] Über die Untrennbarkeit des Handelns Gottes vom Handeln Jesu im Markusevangelium: A. Weihs, Die Deutung des Todes Jesu im Markusevangelium. Eine exegetische Studie zu den Leidens- und Auferstehungsansagen, Würzburg 2003, 551–576. – Teile der jüngeren Exegese erkennen einen nicht nur kompositorischen, sondern auch theologischen Zusammenhang zwischen den drei Gottessohnprädikationen des Markusevangeliums in der Taufszene (Mk 1,11), in der Verklärungsszene (Mk 9,7) und durch den heidnischen Hauptmann unter dem Kreuz (Mk 15,39).

[6] Vgl. Thomas Pröpper, Allmacht Gottes, in: Ders., Evangelium und freie Vernunft. Konturen einer theologischen Hermeneutik, Freiburg 2001, 288–293.

[7] Magnus Striet, Erlösung durch den Opfertod Jesu?, in: Zur Debatte. Themen der Katholischen Akademie in Bayern 42/3 (2012) 19–21. – Kontrovers dazu: Jan-Heiner Tück, Am Ort der Verlorenheit. Zur rettenden und erlösenden Kraft des Kreuzes Jesu Christi, in: Ebd. 22–24.

[8] Striet (Anm. 7) 21.

[9] Hans Kessler, Jenseits von Fundamentalismus und Rationalismus. Versuch über Auferstehung Jesu und Auferstehung der Toten, in: Ders. (Hg.), Auferstehung der Toten. Ein Hoffnungsentwurf im Blick heutiger Wissenschaften, Darmstadt 2004, 296–321; 300.

[10] Striet (Anm. 7) 21.

[11] Dazu die Kontroverse: Karl-Heinz Menke, Rechtfertigung: Gottes Handeln an uns ohne uns? Jüdisch perspektivierte Anfragen an einen binnenchristlichen Konsens, in: Cath(M) 63 (2009) 58–72; Bernd Oberdorfer, „Ohne uns"? Rhapsodische Anmerkungen zu Karl-Heinz Menkes Frontalangriff auf die lutherische Rechtferti-

gungslehre, in: Cath(M) 63 (2009) 73–80; Karl-Heinz Menke, Argumente statt Verdikte. Eine kurze Replik auf Oberdorfers „rhapsodische Anmerkungen" in: Cath(M) 63 (2009) 138–142.

[12] Striet (Anm. 7) 21.

[13] Die sogenannte Karsamstagstheologie Hans Urs von Balthasars gipfelt in dem Satz: „Wenn ohne den Sohn niemand den Vater sehen kann (Joh 1,18), niemand zum Vater kommen kann (Joh 14,6), der Vater für keinen offenbar sein kann (Mt 11,27), dann wird, wenn der Sohn, das Wort des Vaters, tot ist, niemand Gott sehen, von ihm hören, zu ihm gelangen. Und es gibt diesen Tag, wo der Sohn tot und damit Gott unzugänglich ist. Ja, um dieses Tages willen ist [...] Gott Mensch geworden." (Balthasar [Anm. 1] 159). Denn gerade da, wo Gott nicht mehr offenbar ist als der Lebendige, nicht einmal mehr als der Gekreuzigte, sondern als der nur noch Verfügte, als der mit den Toten Tote, eben da besiegt er den Tod, und zwar den eigentlichen Tod, der identisch ist mit der Scheol. Dieser Sieg geschieht nicht im Modus des Kampfes oder des Triumphes, auch nicht im Bild der Osterikone des Ostens; denn der dem Vater gehorsame Sohn ist am Karsamstag nicht der Herabsteiger, während die, zu denen er herabsteigt, die Scheol-Gefangenen sind. Selbst da, wo der erste Petrusbrief vom Hingang des Erlösers in das Gefängnis der vormals Ungehorsamen (1 Petr 3,18–20) und von der Frohen Botschaft des Erlösers an die Toten spricht (1 Petr 4,6), wird das passive Mitsein des Gekreuzigten mit den vom Tod Gefangenen vorausgesetzt, bevor der Auferweckte im Bild des universalen Verkündigers zum Herrn der ganzen Schöpfung (Kol 1,23) proklamiert werden kann. Am Karsamstag ist Christus selbst Toter unter den Scheol-Toten. Balthasar (ebd. 247) spricht vom nackten Gehorsam des am Kreuz Sterbenden. Sein Eintritt in die Scheol erfolgt nicht in der doketischen Weise einer nur gespielten oder scheinbaren Übernahme des Todes.

[14] Hans Urs von Balthasar bezeichnet den am Kreuz Gestorbenen als den Einen, der im Hiatus zwischen Gott und Sünde so versinkt, „dass der Hiatus in ihm versinkt" (Anm. 1, 171).

[15] Vgl. ebd. 249.

[16] Ebd. 219.

[17] Ebd. 221.

[18] Vgl. Kessler (Anm. 9) 298.

[19] Vgl. Magnus Striet, „Erkenntnis aller Pflichten als göttlicher Gebote". Bleibende Relevanz und Grenzen von Kants Religionsphilosophie, in: Georg Essen/Magnus Striet (Hgg.), Kant und die Theologie, Darmstadt 2005, 162–186; bes. 173–178.

[20] Balthasar (Anm. 1) 288. – Zum Vergleich Joseph Ratzinger/Benedikt XVI.: Die Auferstehung „ist ein Ereignis in der Geschichte, das doch den Raum der Geschichte sprengt und über sie hinausreicht." (Jesus von Nazareth, Bd. II. Vom Einzug in Jerusalem bis zur Auferstehung, Freiburg 2011, 299).

[21] An dieser Stelle ist strikt zu unterscheiden zwischen der typisch protestantischen Bezeichnung des Todes als Hiatus zwischen Zeit und Ewigkeit (Ganztodhypothese; Auferweckung als Neuschöpfung; Bestreitung jeder Kontinuität durch den Tod hindurch) und der z.B. von Gisbert Greshake vertretenen Version der eschatologischen These von der „Auferstehung im Tod". Er hält fest an einer Kontinuität durch den Tod hindurch und damit auch an einer Brücke zwischen dem, was Augustinus als Zeit, und dem, was Augustinus als Ewigkeit bezeichnet („Geschichtsfähigkeit" der postmortalen Daseinsweise des Menschen). Aber Greshake beschränkt den sogenannten „Zwischenzustand" auf den Unterschied zwischen der Vollendung des Einzelnen und der Vollendung der Menschheit insgesamt. Jedenfalls – so betont er – wird der Seele des einzelnen Menschen nach Ablauf des sogenannten Zwischenzustandes nicht „der Leib" hinzugefügt. Vielmehr tritt im Tod der ganze Mensch vor Gott. Der „jüngste Tag" ist so gesehen nicht die große Scheidung gemäß Mt 25, sondern die erhoffte Eingliederung auch noch des „letzten Bruders" und der „letzten Schwester" in den mystischen Leib Christi. Dazu ausführlich: Volker Busch, In Gottes Gemeinschaft vollendet. Die Konzeption einer „Auferstehung im Tod" in der Theologie Gisbert Greshakes, Mainz 2001, bes. 57–98.

[22] Was menschliche Sprache mehr schlecht als recht „hypostatische Union" nennt, nämlich das *reale* Eintreten des Ewigen in die Zeit (Inkarnationsereignis), ist etwas ganz anderes als die *symbolische* Darstellung des göttlichen Logos durch einen an Raum und Zeit gebundenen Menschen. Deshalb bekennt sich das Dogma des Konzils von Ephesus zu Jesus als dem Menschen, dessen „Wodurch" (jungfräuliche Empfängnis Mariens) sich von dem „Wodurch" jedes anderen Menschen unterscheidet. Denn kein von einem menschlichen Vater gezeugter und von einer menschlichen Mutter geborener Mensch kann in derselben Beziehung zum göttlichen Vater stehen, die der innertrinitarische Sohn ist. Letzten Endes geht es bei der Frage, ob Jesus nur Offenbarung unbedingter Solidarität Gottes mit den Opfern seiner Schöpfung oder auch Sühne unserer Sünde ist, um das Zentrum aller Christologie: Ist Jesus nur der Offenbarer? Oder ist Gott selbst so in den Raum der Geschichte eingetreten, dass dadurch die Situation aller Menschen aller Zeiten grundlegend verändert worden ist?

[23] Zu der zwischen Hans Kessler und Hansjürgen Verweyen ausgefochtenen Kontroverse über die Frage, ob das Ostergeschehen ein transgeschichtliches Handeln des Vaters an Jesus ohne Jesus (Kessler) oder ein geschichtliches Bundeshandeln des Vaters mit Jesus war: Karl-Heinz Menke, Jesus ist Gott der Sohn. Brennpunkte und Denkformen der Christologie, Regensburg ³2012, 35–68.

[24] Obwohl die von Harnack geäußerten Verdikte über die angebliche Begriffshuberei des 7. Jahrhunderts gern zitiert werden, haben alle

größeren Theologen des 20. Jahrhunderts erkannt, dass es gerade im Monotheletenstreit nicht um irgendeine unwichtige Fußnote zur längst geklärten Verhältnisbestimmung der beiden Naturen Christi geht. So bemerkt Joseph Ratzinger zum Ergebnis der teils politisch, teils dogmatisch motivierten Kontroversen um die Alternative zwischen Monotheletismus und Dyotheletismus: „Die metaphysische Zweiheit eines menschlichen und eines göttlichen Willens wird nicht aufgehoben, aber im *personalen* Raum, im Raum der Freiheit, vollzieht sich beider Verschmelzung, so dass sie nicht natural, aber personal *ein* Wille werden. Diese freie Einheit – die von der Liebe geschaffene Einheit – ist höhere und innerlichere Einheit als eine bloß naturale Einheit. Sie entspricht der höchsten Einheit, die es überhaupt gibt, der trinitarischen." (Joseph Ratzinger, Schauen auf den Durchbohrten, Einsiedeln 1984, 34f). Ratzinger sieht in der Frage nach dem menschlichen Willen Christi alles andere als theoretische Neugier. Denn „es geht hier durchaus auch um uns selbst, um die Frage nämlich: Wie können *wir* als Getaufte leben, von denen nach Paulus gelten muss: ‚ich lebe, aber nicht mehr ich, sondern Christus lebt in mir' (Gal 2,20)?" (Ebd. 77).

25 Joseph Ratzinger, Christi Himmelfahrt, in: Ders., Dogma und Verkündigung, München / Freiburg 1973, 361–366; 363.

26 Joseph Ratzinger unterscheidet mit Augustinus die Memoria-Zeit von der irdischen Bios-Zeit und der göttlichen Ewigkeit. Die Memoria-Zeit ist „von der Beziehung des Menschen auf die körperliche Welt geprägt, aber nicht gänzlich an sie gebunden und auch nicht gänzlich in sie auflösbar [...]. Das bedeutet dann, dass sich beim Heraustreten des Menschen aus der Welt des Bios die Memoria-Zeit von der physikalischen Zeit löst und dann als reine Memoria-Zeit bleibt, aber nicht zu ‚Ewigkeit' wird. [...] Der Mensch, der stirbt, tritt selbst aus der Geschichte heraus – sie ist für ihn (vorläufig!) abgeschlossen; aber er verliert nicht die Beziehung auf die Geschichte, weil das Netz der menschlichen Relationalität zu seinem Wesen selber gehört." (Eschatologie – Tod und ewiges Leben, in: Ders., Auferstehung und ewiges Leben. Beiträge zur Eschatologie und zur Theologie der Hoffnung (Gesammelte Schriften 10), Freiburg 2012, 31–276; 189f).

27 Béla Weissmahr, Kann Gott die Auferstehung Jesu durch innerweltliche Kräfte bewirkt haben?, in: ZKTh 100 (1978) 441–469; 458.

28 Ebd. 459.

29 „Wenn der Geist als das eigentlich Subsistente die konkrete Materie (die von sich aus immer schon Ansätze der geistigen Seinsweise enthält, ohne jedoch das Ineinandersein von Verschiedenem formal verwirklicht zu haben) dermaßen in Besitz nimmt, dass dadurch die für sie charakteristische Entfremdung (das Auseinanderliegen von Verschiedenem bzw. [...] das Nebeneinander-Auftreten von Innerlich-keinen-Bezug-Habendem [...]) überwunden wird, entsteht das,

was man personalisierte Materie oder pneumatischen Leib nennen kann." (Ebd. 461).

[30] Weil die ganz und gar personalisierte Materie nicht reiner Geist ist, ist sie nie welt- und geschichtslos. Nur wenn man das beachtet, kann man erklären, was die Ostererscheinungen sind. Weissmahr bemerkt: „Da die Auferstehungsleiblichkeit sinnlich nicht wahrnehmbar ist, müssen die Erscheinungen des Auferstandenen als eine ‚Transposition' dessen, was er selber ‚an sich' ist, in unsere Wahrnehmungswelt hinein aufgefasst werden. Die verklärte Menschheit wird nur von jenen gesehen, denen er sich zu erkennen geben will, d.h. sie bemächtigt sich gleichsam der Wahrnehmungsfähigkeit, der psychischen Kräfte der Jünger, indem er ihnen erscheint." (Ebd. 467).

[31] Ratzinger (Anm. 26) 185.

[32] Zum Thema „leibliche Aufnahme Mariens": Joseph Ratzinger, Ein Hymnus auf den Leib und auf die Zukunft, in: Ders., Auferstehung und ewiges Leben. Beiträge zur Eschatologie und zur Theologie der Hoffnung (Gesammelte Schriften 10), Freiburg 2012, 645–649.

[33] Weissmahr (Anm. 27) 467.

Heil, Leben und Hoffnung

Erlösungsmodelle im diachronen Diskurs

Julia Knop, Freiburg i. Br.

> Als Grund der Theologie ist das Kreuz zugleich die Kritik der Theologie; es fordert zu einer Neubestimmung dessen heraus, was wir, wenn wir von Gott sprechen, mit Gott meinen.
> *Walter Kasper*[1]

Nachdem Kaiser Konstantin 313 die Todesstrafe der Kreuzigung abgeschafft hatte und das Kreuz als Folterstätte aus der Erfahrungswelt der Gesellschaft verschwunden war, trat es in die Welt der Bilder ein. Schnell avancierte es zum zentralen Symbol der Christenheit.[2] Bereits im 3. Jahrhundert als Segensgestus bezeugt, erfährt das Kreuz seit dem 4. Jahrhundert liturgische Verehrung. Bis heute versammelt es Christinnen und Christen aller Konfessionen. Sie stellen sich in die Nachfolge Jesu, des Gekreuzigten. Zwar kommen sie im Sakrament der Vergegenwärtigung des triduum sacrum (noch) nicht überein. Sie feiern getrennt Eucharistie – aber das Mysterium ihres Glaubens, das, was sie feiern und anamnetisch vergegenwärtigen, verbindet sie: Tod und Auferstehung Jesu Christi zum Heil der ganzen Welt.

Das Kreuz steht im Christentum für Gottes Heil – und damit zugleich für das Widerständige des christlichen Glaubens an einen Gott, der nicht nur seiner Schöpfung gut ist, sich nicht nur den Menschen heilschaffend zuwendet – das allein wäre schon irritierend genug –, sondern an einen Gott, der selbst die Untiefen dieser Welt auf sich genommen und den Hass dieser Welt auf sich gezogen hat. Und das alles um unseres Heiles willen. Was für ein Gott!

Dass diese Lesart alles andere als selbstverständlich ist, formulierte in wünschenswerter Deutlichkeit Paulus, der seine Verkündigung im ‚Wort vom Kreuz' zusammenfasste. Für ihn war es eine Frage der Perspektive: Von außen betrachtet ist das Kreuz widersinnig, ja skandalös (1 Kor 1,18–24) – eine Zumutung, einem Foltertod soteriologische Bedeutung beimessen zu sollen. Anders stellt es sich aus der Perspektive der Beteiligten dar, die in der Taufe Anteil erhalten haben am Gekreuzigten und Auferstandenen, die sich Jesu Kreuz auf den Leib haben schreiben lassen, die es sich als Form und Mitte ihres Lebens und Glaubens aneignen möchten. Sie erkennen in demselben Ereignis „Gottes Kraft und Gottes Weisheit" (1 Kor 1,24). Soweit Paulus.

Das Symbol des Kreuzes hat hierzulande auch nach vielen Jahrhunderten christlicher Prägung seine Irritationskraft nicht verloren. Die gesellschaftspolitischen Debatten der vergangenen zwei Jahrzehnte um das Kruzifix und seine Präsenz in öffentlichen Räumen (in Schulen: 1995/2011; im Gerichtssaal: 2011) bekundeten nicht nur die Interpretations*offenheit* dieses Symbols, sondern v. a. seine Interpretations*bedürftigkeit*. Das Kreuz erklärt sich nicht von selbst. Christinnen und Christen, Theologinnen und Theologen sahen sich in diesen Debatten herausgefordert, Auskunft zu geben über die Hoffnung, die sie angesichts des *Christus crucifixus* erfüllt, und diese Perspektive auf das Kreuz in den allgemeinen gesellschaftlichen Diskurs einzubringen.

Die kulturpolitische Debatte um die „Bildansichten"[3] zu Guido Renis Altarbild „Kreuzigung" (San Lorenzo in Lucina, Rom), die der muslimische Literaturwissenschaftler Navid Kermani 2008 publiziert hat, vertiefte diese Diskussion und führte sie einen grundsätzlichen Schritt weiter. Denn Kermani thematisierte nicht nur eine allgemeine kulturelle Bedeutung dieses Symbols in der pluralen Gesellschaft unserer Tage. Er befragte die soteriologische Deutung dieses Symbols durch das Christentum – freilich so, wie sie sich ihm darstellte. Wie die an seinen Essay anknüpfenden Auseinandersetzungen zeigten, brachte er ein verbreitetes Unbehagen an dieser Lesart, genauer: an einigen daran anknüpfenden problematischen Assoziationen zum Ausdruck. Im Konflikt der Interpretationen schlug er, der Muslim, eine neue Perspektive auf das Kreuz vor. Sie würde, so insinuiert er, dem modernen Lebensgefühl und Gerechtigkeitsempfinden, dem heutigen Menschen- und Gottesbild besser entsprechen als die (seiner Ansicht nach) herkömmliche christliche Deutung. Sie könnte in der Glaubens- und Gottesnot unserer Tage einen neuen, existenziell tragfähigen Zugang zum Kreuz und zu dem, der an ihm hängt, eröffnen – sogar über die Grenzen des Christentums hinaus.

Die Debatte um Kermanis Essay ist intensiv geführt worden und muss hier nicht wiederholt werden. Sie hat nicht nur gezeigt, welche Erklärungsnot um das Kreuz bereits innerchristlich besteht. Es wurde auch deutlich, dass das Kreuz und seine Deutung in der christlichen Theologie eine Schlüsselstelle einnehmen. Die Interpretation des Kreuzes strahlt soteriologisch, aber auch theologisch und anthropologisch aus bzw. wird ihrerseits durch theologische und anthropologische Grundannahmen konturiert. Zu dieser grundlegenden Verständigung über eine christliche Kreuzesdeutung seien im Folgenden drei Gesichtspunkte beigetragen.

Diachrone Verständigung – Prinzip Überlieferung

Spätestens dann, wenn überkommene Paradigmen und Begründungsmuster Schwierigkeiten bereiten oder wenn die Selbstverständlichkeit althergebrachter Formeln verdeckt, dass sie nicht mehr verstanden werden, stellt sich die Frage nach den Kriterien der theologischen Reflexion. Dabei geht es nicht nur um die allfällige theologische Aufgabe, die Überlieferung sachgerecht und zeitgemäß zu erschließen und zu ihrer lebendigen Aneignung beizutragen. Nötig ist auch eine kritische Verständigung über die Überlieferung selbst – darüber, welche theologische Relevanz die fraglichen Glaubensgehalte und -vollzüge haben, wie die an sie anschließende Modellbildung zu beurteilen ist usw. Denn natürlich haben nicht nur Ereignisse, sondern auch ihre Deutungen einen Kontext und eine Geschichte, die zu dechiffrieren für eine angemessene Analyse und Diskussion nötig ist. Das Bewusstsein der Kontingenz und Relativität der eigenen Optik, welches unser Lebensgefühl[4] und unsere Reflexionskultur stärker als in früheren Zeiten prägt, wird in solchen Re- bzw. Dekonstruktionsprozessen fruchtbar. Manche Begrifflichkeit und Theorie, auch manch große Kontroverse der Theologiegeschichte, zeigt sich vor dem Hintergrund einer entsprechend geschichtsbewussten und erkenntniskritischen Hermeneutik (auch) als Teil eines Konfliktes unterschiedlicher Zugänge, Interessen, Sprach- und Denkformen, die oft unverbunden nebeneinander bestehen oder einander ablösen, die einander ergänzen (könnten) oder miteinander konkurrieren.[5]

Das Bewusstsein der Relativität eines jeden – d. h. natürlich auch des eigenen – Standpunktes kann theologisch in besonderer Weise fruchtbar gemacht werden. Denn das Bekenntnis, auf das die theologische Reflexion bezogen ist, ist nicht nur selbst als Bekenntnis gläubiger Menschen geschichtlich verwurzelt. Es bezieht sich seinerseits auf Erfahrungen mit einem Gott, der sich in der Geschichte von Menschen als deren Heil definiert hat. Die Nicht-Notwendigkeit (d. h. nicht: Austauschbarkeit) der Geschichte Jesu Christi, der als „Fülle und Mittler der ganzen Offenbarung"

(*Dei Verbum*, 2) Gottes geglaubt wird, ist bereits aus theologischen Gründen nichts Bedauerliches, das nolens volens in Kauf zu nehmen wäre. Diese Geschichtlichkeit der Selbstoffenbarung Gottes ist konstitutiver Bestandteil christlicher Gott-Rede. Offenbarung ist kein factum brutum, sondern ein personaler, kommunikativer, interpretativer Vorgang: Ein Ereignis – die Geschichte Jesu im Kontext der Geschichte Israels – wird *als* etwas, nämlich als Selbstdefinition Gottes, verstanden und angenommen. Die Gemeinschaft derer, die diese Deutung teilen, erkennt diesem geschichtlichen Ereigniszusammenhang Verbindlichkeit zu. Genauer gesagt: Sie erkennt im Glauben dessen Anspruch auf Verbindlichkeit an. Sie gründet ihre gemeinsame Identität in dem Bekenntnis, dass sich Gott in Jesu Leben und Verkündigung, in seinem Sterben und Auferstehen, definitiv als Heil der Welt ausgesagt hat.

Dieser Interpretationsvorgang wiederum ist traditions- und dogmenhermeneutisch entscheidend: Trägerin der Deutung bzw. Anerkennung der Geschichte Jesu als Selbstaussage Gottes ist die in sich differenzierte Bekenntnisgemeinschaft der Kirche, das Gefüge ihrer Zeugnis- und Interpretationsinstanzen in Geschichte und Gegenwart.[6] Diese ‚Katholizität' theologischer Reflexionskultur erlaubt es, in der Vielfalt und bisweilen auch im Konflikt von Interpretationen – in diesem Fall um das Kreuz – nicht nur ein Neben- oder Nacheinander unterschiedlicher Deutungen zu sehen, deren Gewicht nur in ihrem jeweiligen Bezug zu ihrem Referenzobjekt und der Gruppe, für die es Bedeutung hat, läge. Sie eröffnet darüber hinaus einen diachronen Diskurs: Interpretationen und Perspektiven früherer Zeiten und Überlieferungsträger, die im kommunikativen Kontext der Kirche von der Bibel an Relevanz gewonnen haben, sind heute nicht per se von gestern. Vielmehr können sie als konstruktive Anfrage an moderne Zugänge wertgeschätzt werden. Ihr Augenmerk, ihr Horizont und gewiss auch ihre Einseitigkeit können, sofern sie ernsthaft als Diskurspartner bzw. Deutungsoptionen wahrgenommen werden, die Standortgebundenheit und Begrenztheit sichtbar machen, die vermutlich ja auch unseren heutigen Horizont prägt. Sie können so eine Integration vergessener oder vernachlässigter Dimensionen eröffnen und Perspektiven erweitern. Korrespondenz des Glaubens mit der im Glauben angenommenen Offenbarung, Kohärenz theologischer Aussagen und ekklesialer Konsens in der Überlieferung und Interpretation des Glaubens greifen ineinander.[7] So verstanden zeigt sich die diachrone Bekenntnis- und Reflexionsgemeinschaft der Kirche nicht nur als soziohistorischer Kontext, sondern auch als kommunikatives Angebot zur allfälligen Historisierung und Relativierung, d.h. In-Bezug-Setzung, von Standpunkten – gestriger wie heutiger.

Zwei Diskurspartner bzw. Paradigmen sollen im Folgenden als theologische Herausforderung in ein solches diachrones Gespräch um das *als Zeichen des Heils* bekannte Kreuz Jesu Christi eingespielt werden: Augustinus bzw. die an ihn anschließende sündentheologische Kehrseite der Erlösungslehre und Anselm und sein Versuch, das Kreuz vernunftgemäß und *remoto Christo* als Ausweis des Heilswirkens Gottes zu erschließen.

„Von aller Sünde – Herr, befreie uns!" Die andere Hälfte der Soteriologie

Wilhelm Breuning hat in einem wichtigen Beitrag den theologischen Zusammenhang von Christologie (Soteriologie) und Ursündentheologie herausgestellt. Die Pointe seines Aufsatzes: Die christliche Rede von der (Ur-) Sünde ist – wenn nicht in ihrem Entdeckungs-, so aber in ihrem Sachzusammenhang – Resultat und Kehrseite der Soteriologie, nicht umgekehrt. Das, worauf Erbsündenlehre zielt, gehört „zu einem Erkenntnisbereich …, der so erst vom Kreuz Christi her offensteht"[8]. (Nur) Weil das Kreuz Jesu Christi als universales Heilsereignis geglaubt und bekannt wird, legt sich theologisch die Rede von einer universalen Erlösungsbedürftigkeit nahe. Wird die Sündentheologie von der Soteriologie gelöst, wird die Rede von der Sünde verselbständigt und vermeintlich pastoral funktionalisiert, wird sie falsch. Das ist einer vormalig sündenfixierten Predigt und Pastoral, die irrationale Heilsängste kultiviert, die allzu lang die kirchliche Realität getrübt und ganze Generationen verunsichert hat, klar entgegenzuhalten. Christliche (Ur-) Sündentheologie spricht von keinem anderen als dem Unheilszusammenhang, den Christus gelöst, von dem er erlöst hat. Sie spricht von einer Schuld, die ausschließlich deshalb glücklich zu schätzen ist, weil sie diesen Erlöser gefunden hat.

Die narrative Entfaltung dessen, was mit Augustinus als Ur-Sünde in die Theologie eingegangen ist, durch die Genesis-Perikope vom Fall des Menschen ist deshalb begrenzt. Denn die Stoßrichtung dieser Ätiologie des menschlich Bösen ist anthropologisch und schöpfungstheologisch. Hier geht es nicht um Ur- oder Erbsünde. Allerdings geht es um etwas, das für die Koordinaten des christlichen Heilsverständnisses unverzichtbar ist: um die Überzeugung, dass das Böse in unserer Welt weder gottgewollt noch gottgeschaffen ist. Ohne dass es der Vorstellung eines historischen Urstands bedürfte, schreibt Gen 3 der gläubigen Rede von Gott und der Welt die Differenz von Natur und Sünde, von Schöpfung und Fall ins Stammbuch. Sie markiert einen von der Schöpfung unterschiedenen qualitativen Beginn des Bösen, das in der Freiheit seinen Ursprung hat. Die Pastoralkonstitution des II. Vatikanischen Konzils nimmt diese Überzeugung auf, ohne sich quasi-naturwissenschaftlicher

Kategorien zu bedienen. Dort heißt es, dass menschliche (Freiheits-) Geschichte *als* Unheilsgeschichte begann (vgl. *Gaudium et Spes*, 13), ohne dass das Unheilvolle dieser Geschichte ‚natürlich' genannt werden dürfte. „Ursprünglich im strikten Sinn ist das Gute, das Böse ist sekundär."[9]

Das ist (ein Moment von) Theodizee: Theo-logisch wird die Überzeugung reklamiert, dass nicht Gott, sondern der Mensch rechtfertigungsbedürftig ist. Soteriologisch bedeutet das, dass Erlösung nicht als Sanierung einer an sich unzureichenden Schöpfung verstanden werden kann, die das Böse notwendig – tragisch – hervorbrächte. Schöpfungstheologisch schließlich wird deutlich: Es ist aus christlicher Perspektive kein *malum* und es bedarf keiner Sühne, dass die Welt, dass der Mensch endlich, kontingent ist, dass sich menschliche Freiheit geschichtlich vollzieht, dass der Mensch Geschöpf ist und nicht Gott. Ganz im Gegenteil: Das ist, wie die Benediktionen des ersten Schöpfungsberichtes betonen, „sehr gut" (Gen 1,31).

Die christologische Achse aller christlichen Rede von Heil und Unheil markiert Röm 5,12–21, die Perikope, die von Augustinus bis Trient als biblisches Argument für die Ursündentheologie herangezogen wurde. Sie bietet kein *peccatum originale* im Sinn der späteren kirchlichen Lehrentwicklung. Was Augustinus im Modell Ursünde in die Theologiegeschichte einbrachte, was die Synoden von Karthago (418; DH 222–230) und Orange (529; DH 370–397) entfalteten, was durch deren Rezeption und Fortschreibung auf dem Konzil von Trient (1546, DH 1510–1516) normativen Rang und universalkirchliche Bedeutung erhielt, wird allerdings als theologischer Versuch verständlich, unter Rekurs auf diese Perikope das Heilswerk Christi im Licht der zeitgenössischen Herausforderungen zu plausibilisieren.[10] Quintessenz all dieser Stationen kirchlicher (Ur-) Sündentheologie, schon der typologischen Gegenüberstellung von Adam und

Christus bei Paulus, ist die Überzeugung, dass die Menschheit vor Gott eine ist in Sünde und Erlösung und dass diese Einheit in ihrer Bezogenheit auf Christus gründet, in dem allein Heil zu finden ist.

Dass Sünde Freiheitstat ist und die menschheitlich erworbene Prägung der Freiheit (*peccatum originale originatum*, im Deutschen missverständlich ‚Erb‘- Sünde) deshalb nur im abgeleiteten Sinn ‚Sünde‘ genannt werden kann, formulierte bereits Augustinus, dessen Weltbild noch einen historischen Urstand voraussetzte: Eines sei es, „dass die Sünde nicht ohne freien Willen sein kann, was auch wir sagen, denn auch die Ursünde hätte nicht ohne freien Willen des ersten Menschen sein können; und etwas anderes ist es, wie du [Julian von Eclanum] selbst gesagt hast: dass eine Sünde *nur* im freien Willen sein könne, was wir nicht zugestehen. Denn die Ursünde *[peccatum originale]* ist nicht im Willen des Geborenwerdenden… Die Sünde aber kann im Willen [also Freiheitstat] sein, wie es die des ersten Menschen gewesen ist; sie kann aber auch nicht im Willen [also Vorprägung der Freiheit] sein, wie die [‚Erb‘-] Sünde eines jeden Geborenwerdenden, welche überhaupt in niemandes [außer jenes ersten] Willen ist.“[11] Diese unheilvolle Vorprägung der menschlichen Freiheit nennt er ‚Sünde‘ und nicht nur ‚Defizit‘, weil sie von Gott her nicht sein soll, sondern einen Bruch zwischen Gott und Mensch indiziert, weil sie geschichtlich geworden und nicht natürlich grundgelegt ist.

Kein Zweifel – Augustins Freiheits- und Sündenbegriff, sein ganzer Weltzugang stammt aus einer anderen Epoche, aus einem anderen Denken als dem heutigen, das durch die neuzeitliche Freiheitsanalyse geprägt ist. Seinem Zugang und allgemein dem Modell Ursünde dennoch Gerechtigkeit widerfahren zu lassen und theologische Verzeichnungen aufzulösen ist das eine. Aber kann Augustins Perspektive darüber hinaus womöglich gerade durch ihre Fremdheit und Einseitigkeit blinde Flecken unseres heutigen Zugangs zu Heil und Erlösung aufdecken? Was kann das Paradigma Sünde dazu beitragen, unter den Bedingungen der Moderne die christliche Heilsbotschaft zu verdeutlichen?

Augustinus markierte überdeutlich die Rechtfertigungsbedürftigkeit *des Menschen*, der aus sich heraus keine Option hat zu bestehen. Dabei wies er jeden Versuch strikt ab, mit Gott rechten zu wollen, die Rollen zu tauschen: Wir sind weder Richter der Geschichte noch Kläger unserer Mitmenschen, auch nicht Ankläger Gottes. Die Verantwortung für seine Heillosigkeit trägt, aufs Ganze gesehen, der Mensch. Deshalb ist es berechtigt, in analoger Weise von Sünde zu sprechen, freilich ohne jedem einzelnen die Last und Verantwortung der ersten Sünde aufzubürden. Einmal in der Welt, liegt das Böse dem Menschen voraus – sündigen heißt (immer auch) nachgeben.[12] Unsere radikale Heilsbedürftigkeit umfasst beides: das Leid der *Opfer*, das im theologischen Diskurs um Heil und Unheil viel zu lang und gewiss auch bei Augustinus außen vor blieb. Und sie umfasst, normalerweise in Personalunion, die Vergebungsbedürftigkeit der *Täter* der einen menschlichen Schuldgeschichte, die vormals nahezu ausschließlich im Blick waren. Die engen Grenzen, die Augustinus der Gnade Christi zumaß, sind heute gottlob überwunden. Die Grenzen der Kirche definieren nicht die Grenzen des Heils (vgl. *Lumen Gentium*, 16; *Gaudium et Spes*, 22). Gott „will, dass alle Menschen gerettet werden" (1 Tim 2,4). Das Pendant (1 Tim 2,1) dieses universalen Heilswillens Gottes – die Verantwortung der Getauften, für alle zu hoffen *(lex credendi)* und deshalb für alle zu beten *(lex orandi)* – hatte jedoch schon Augustinus in aller Deutlichkeit herausgestellt.[13] So erinnert seine alte Perspektive bis heute an eine wichtige Dimension der Heilsbedeutung der Taufe zur Vergebung der Sünde(n): Gerade weil sie in Christus, *den gekreuzigten Erlöser*, inkorporiert (vgl. 1 Kor 12,12f; Gal 3,27), bezieht sie auch in sein Pascha, in seine stellvertretende Hingabe für das Heil der Welt ein.[14]

„…der für euch hingegeben wird" – Stellvertretung des Sünders

War für die frühe Neuzeit angesichts einer großen Sensibilität für die Gebrochenheit und Heilsbedürftigkeit der menschlichen Existenz die Frage nach individueller Rechtfertigung (Anthropodizee) maßgeblich, so verschiebt sich in der Moderne die Frage nach Heil und Gericht hin zur Theodizee. Navid Kermani, der eine Inversion der christlichen Soteriologie vorgeschlagen hat, vermag im Gekreuzigten keine Offerte Gottes zugunsten einer heilsbedürftigen Menschheit zu erkennen. Er identifiziert in ihm umgekehrt den Repräsentanten einer geschundenen Menschheit, deren (Gottes-) Not zum Himmel schreit und die berechtigter Weise Rechenschaft und Sühne fordere – von dem, der sie letztlich zu verantworten habe: Gott.

Interessanterweise stellte bereits Anselm von Canterbury in seiner Dialogschrift *Cur Deus homo*[15], die für das Modell Sühne/Satisfaktion zur Erklärung der Heilsbedeutung des Kreuzestodes Jesu so prägend geworden ist, zahlreiche theodizeerelevante Überlegungen an. Methodisch haben sie die Funktion, den Anspruch seines soteriologischen Programms zu beschreiben: dass das, was er mit Hilfe des Modells Satisfaktion entfaltet, der Gerechtigkeit, Allmacht und Güte Gottes nicht widerspricht, diese Gottesprädikate vielmehr inhaltlich füllt (I,8.12). Sein literarischer Gesprächspartner Boso macht sich die Argumente derjenigen zu eigen, die einer soteriologischen Deutung des Kreuzes *um Gottes willen* nicht folgen. Anselm lässt ihn die entscheidenden Anfragen vorwegnehmen, die bis heute gestellt werden.[16] Ob seine Entgegnungen 900 Jahre später noch hinreichend sind, ist fraglich. Mangelndes Problembewusstsein kann ihm jedoch nicht angelastet werden.

Anders als oft kolportiert baut er seine Theorie nicht auf dem anthropomorphen Bild eines gekränkten Gottes auf, dessen Ehre durch ein blutiges Opfer wiederhergestellt werden müsste – Anselms Gottesbegriff in *Cur Deus homo* ist kein anderer als im *Proslogion* (I,13).[17] Es geht ihm umgekehrt darum zu zeigen, wie der Mensch in einer durch die Sünde pervertierten Welt erneut in das ihm als Geschöpf entsprechende und darum geforderte (*debitum*) positive Verhältnis zu seinem Schöpfer eintreten und in eins damit Gott verherrlichen kann (I,11.13). Gottes Ehre aber ist das Heil der Menschen. Fehlt die Anerkennung dessen, über den hinaus Größeres nicht gedacht werden kann, geht Anselm zu Folge nicht Gott etwas ab (denn er ist nicht bedürftig: I,15), sondern dem Geschöpf und seiner Lebensgrundlage.

In der Lebens-Hingabe (*oblatio, datio*: II,18)[18] des göttlichen Sohnes, der frei (*sponte*: II,11.18; *gratis*: II,5) in den unbedingten Willen des Vaters einstimmt, diese Welt zu erlösen (I,9–10), werde diesem objektiven Missverhältnis Genüge getan *(satis facere)*. Der Gott-*Mensch* gebe, was der Mensch Gott schulde, aber in Folge der Sünde nicht (mehr) geben könne. Darüber hinaus gebe er das Surplus, dessen es angesichts der Verletzung der göttlichen Ordnung bedürfe. Die Schwere der Schuld bemisst Anselm nämlich nicht in Relation zum Sünder oder zur Tat, sondern in Relation zum ewigen Gott, dessen Gebot, nicht sündigen zu sollen, absolut gilt. Christus, der als Sündloser nicht der Sterblichkeit unterworfen sei, gebe sein Leben (II,11). Als *Gott*-Mensch gebe er Gott Gott – nicht etwas Geschaffenes *(debitum)*, was ihm ohnehin gehörte. Dabei handle er in voller Souveränität. Seine freie Hingabe ist für Anselm Ausweis der Allmacht, Güte und Treue Gottes gegenüber seiner Schöpfung (II,6) – alles andere also als göttliche Sühne für ein verunglücktes Projekt (I,19).

Das Pendant der Verherrlichung des Vaters durch den Sohn, sein ‚Lohn' *(retributio)*, komme denen zugute, die sich und sofern sie sich dem Vater in rechter Weise zuwenden (*si accedit sicut oportet*: II,19). Der Sohn selbst bedarf keines Lohnes. Eine Gratis-Absolution (*sola misericordia*) widerspräche, so Anselm, der trinitarischen Verankerung der Soteriologie ebenso wie dem göttlichen *ordo iustitiae* – Gottes Freiheit ist keine jenseits von Gut und Böse. Zudem bliebe der Sünder in Anselms quantitativ bestimmten Verständnis von Heil und Unheil weiterhin bedürftig. Denn das durch die Sünde gerissene objektive Defizit müsse gefüllt werden (I,24) – sei es durch Strafe, sei es durch Genugtuung (*aut satisfactio aut poena*: I,13). Da der Mensch aber wesensmäßig auf Gott ausgerichtet sei, machte (ewige) Strafe, die innere Konsequenz der Sünde gegen den ewigen Gott, seine gottgegebene Bestimmung zur Seligkeit und, aufs Ganze gesehen, Gottes Schöpfungsintention, (ewig) unmöglich. Gott aber habe „sich, indem er ihn [den Menschen] aus seiner Güte heraus schuf, gleichsam freiwillig verpflichtet, das begonnene Werk zu vollenden" (II,5; vgl. II,16). Um der Schöpfung willen und als Ausweis seiner Barmherzigkeit, die größer ist als Menschenmaß (II,20), bleibe Gott (nur) die *satisfactio* des inkarnierten Sohnes.

Satisfaktion ist ein offenkundig zeitbedingtes und dabei äußerst begrenztes Modell zur Erläuterung der Heilskraft des Kreuzestodes. Zwar geht Anselm deutlich über hochproblematische Vorläufer (Loskauftheorien, vgl. I,7) dieses Modells hinaus. Allerdings bleibt er auch selbst in seinem System gefangen, von dessen notwendiger Folgerichtigkeit er überzeugt war. Schon Thomas sah das anders.[19] In der systematischen Geschlossenheit, im religionstheologischen Impetus und in der Anschlussfähigkeit an zeitgenössische (Gerechtigkeits-) Vorstellungen bestand freilich seinerzeit – durchaus modern – die Attraktivität von Anselms

Theorie. Sie erreicht jedoch, so wird man aus heutiger Perspektive klar sagen müssen, nicht den biblischen Gedanken der Stellvertretung des Sünders durch den Gekreuzigten,[20] den sie reformulieren, zeitgemäß aktualisieren will. Anselm bemisst Heil und Unheil wie quantitative Größen; er denkt Erlösung als Tribut des Vaters an den Sohn, der dieses *meritum* an den Sünder weitergibt (II,19). *Wie* aber das durch den Sohn eröffnete Heil, wie das neu eröffnete Sohnesverhältnis den Sünder in Freiheit erreiche, bleibt letztlich unklar.

Gerecht wird man Anselm allerdings nur werden, wenn man sein soteriologisches Modell nicht auf seine Grenzen festlegt, sondern auch seine Stärken in den Blick nimmt und heutige Modellbildung von diesen her befragen und herausfordern lässt. Anselm verbindet konsequent Soteriologie und Schöpfungstheologie, indem er das Kreuz Christi als Gestalt der Schöpfungstreue Gottes und Erlösung strikt trinitarisch entfaltet. Er erschließt Gotteslob *(honor)* und gelungenes menschliches Dasein *(rectitudo)*, die Anerkennung des Schöpfers und die der eigenen Geschöpflichkeit, als zwei Seiten derselben Medaille. Die Handlungsmaxime des ‚*soli Deo gloria*‘, die Christus verwirklicht, ist dem Menschen nicht als Fremdkörper oktroyiert, sondern sie entspricht ihm. Heil bedeutet Hineinnahme in das Gottverhältnis des Sohnes. Nichts Geschöpfliches kann dem genügen. Sünde, aber auch der Versuch der Selbsterlösung, sind schlechthin inhuman. Das ist Anselms Diskursangebot. Wenn er das Unheil, das Menschen einander antun, als objektive Größe entfaltet, die durch (zwischen-) menschliche Wiedergutmachung und Versöhnung allein nicht zu lösen ist, so ist das sicher nicht unmittelbar anschlussfähig an den heutigen Schuld-Diskurs, der am autonomen sittlichen Subjekt Maß nimmt. Aber womöglich lässt sich dieser angesichts der Komplexität und des objektiv destruktiven Potenzials menschlicher Freiheit auch noch einmal produktiv herausfordern. Dasselbe gilt für die Differenzierung zwischen *culpa* und *debitum* – zwischen Sünde im Sinne zulastbarer individueller Verfehlung vor Gott und dem qua Geschöpf ‚Geschuldeten‘, dessen Einlösung dem Menschen selbst zugutekommt. Bemerkenswert nicht nur für eine angemessene Anselm-Rezeption, sondern auch für das ökumenische Gespräch, dürfte außerdem seine Option sein, Gott auf Strafe rundheraus verzichten zu lassen. Dieser Verzicht geschieht um des Menschen Freiheit und um der je größeren Gerechtigkeit und Barmherzigkeit Gottes willen (I,13.24). Gottes Alternative zum Heil aller Welt ist sein Selbsteinsatz: die Solidarität des Gott-Menschen, der an die Stelle und an die Seite des Sünders tritt, auf dass dieser lebe.

Muss man die Heilsbedeutung des Kreuzes Jesu Christi im Modell Satisfaktion beschreiben? Sicher nicht. Es ist in der Tat ein Modell mit engen Grenzen und hohen Hypotheken; ein – und gewiss nicht der gelungenste – Versuch der Theologiegeschichte, die biblischen Paradigmen von Stellvertretung, Sühne und Versöhnung[21] als gottgeschenkte neue Möglichkeit des Menschen zu explizieren. Aber lässt sich Erlösung ohne Rekurs auf das *extra nos,* das Voraus der Gnade Gottes reformulieren, das in diesem Strang der Soteriologie im Zentrum steht? Ist die Deutung des Kreuzes als göttliche Gabe der Versöhnung nur eine zeitbedingte Gestalt der Soteriologie, welche nicht nur im Modell Satisfaktion, sondern grundsätzlich verabschiedet werden könnte? Auch das griffe zu kurz. So wenig die biblischen Überlieferungen der theologischen Reflexion bestimmte Explikationsmodelle diktieren, so deutlich integrieren sie das Kreuz in den Heilswillen des geschichtsmächtigen Gottes, explizieren sie diesen durch das Kreuz Jesu Christi.[22] Die Gnade ist Gott teuer geworden (1 Kor 6,20): teuer, „weil Gott sein Sohn nicht zu teuer war für unser Leben, sondern ihn für uns hingab"[23], und teuer, weil sie in die Nachfolge des *Christus crucifixus* ruft. Diese Vor-Gabe an die Reflexion, welche in der Feier und Theologie von Taufe und Eucharistie nachdrücklich vertieft wird, gilt es in der soteriologischen Modellbildung einzuholen.[24]

Die große Herausforderung der Gläubigen heute dürfte darin liegen, noch im Gott-Vermissen unserer Tage die alte Verheißung der heilvollen Gegenwart und Geschichtsmacht Gottes lebendig und authentisch zu bezeugen. Die Herausforderung der Theologinnen und Theologen besteht darin, einen Begriff von Freiheit und Erlösung zu entwickeln, in dem Selbststand und Vertretbarkeit, Freisetzung und Rechtfertigung, Solidarität (Christi mit dem Leidenden) und Stellvertretung (des Sünders durch Christus) keine Alternativen bilden. Dass der Mensch, dass die Menschheit radikal heilsbedürftig ist, dass sie Versöhnung und Erlösung braucht – wer würde das bestreiten? Dass Gott in seinem Sohn diese Bedürftigkeit am eigenen Leibe ertragen hat, dass er Verlust und Ablehnung seiner selbst auf sich genommen hat, dass er sie von innen heraus überwunden und so der Welt die Freiheit neuen Lebens und die Aufnahme in sein göttliches Leben geschenkt hat – das ist die große Verheißung der christlichen Heilsbotschaft. Deshalb bekennen Christinnen und Christen nicht nur am Karfreitag, sondern letztlich in jeder Eucharistiefeier, dass das Kreuz Jesu Christi für uns Heil, Leben und Hoffnung ist.

Anmerkungen

[1] W. Kasper, Das Kreuz als Offenbarung der Liebe Gottes, in: Cath 61 (2007) 1–14: 4.

[2] Vgl. A. Stock, Kreuz, in: Ders., Poetische Dogmatik. Christologie, Bd. 4: Figuren, Paderborn 2001, 315–408.

[3] N. Kermani, Bildansichten: Warum hast du uns verlassen? Guido Renis „Kreuzigung", in: NZZ, 24.3.2008; online zugänglich unter http://www.nzz.ch/nachrichten/kultur/literatur_und_kunst/wa-

rum_hast_du_uns_verlassen_guido_renis_kreuzigung_1.2195409.
html. Vgl. dazu J.-H. Tück, Religionskulturelle Grenzüberschreitung? Navid Kermani und das Kreuz: Nachtrag zu einer Kontroverse, in: IkaZ 38 (2009) 220–234.

[4] Man weiß oder spürt, dass alles auch ganz anders sein könnte, dass man alles auch ganz anders sehen könnte, dass es zu anderen Zeiten und an anderen Orten auch ganz anders war und gesehen wurde – Wahrheitsansprüche gleich welcher Art haben es schwer. (Vielleicht tröstet es, auch noch einmal die Kontingenz dieses Lebensgefühls in Betracht zu ziehen.)

[5] Die „Denkform-Analyse", die Thomas Pröpper und sein Schülerkreis inauguriert haben und produktiv durchführen, hat wesentlich dazu beigetragen, die jeweils kulturell verorteten theologischen Modellbildung als solche zu dechiffrieren und den verschiedenen epochalen Entwürfen Gerechtigkeit widerfahren zu lassen. Mit Hilfe des Denkform-Begriffs wird eine Hermeneutik der Dogmen- und Überlieferungsgeschichte des Christentums sowie eine Hermeneutik konfessioneller theologischer Differenzen entworfen, nach der Identität der Glaubensüberlieferung bei je geschichtlicher Aneignung gedacht werden kann, ohne in die theologische Sackgasse des Relativismus oder Historismus eintreten und ohne zugleich bestehende Differenzen als per se nicht vermittelbare und daher konfessions- oder epochentrennende Gegensätze wahrnehmen zu müssen. Als theologisches Kriterium zur Einschätzung der verschiedenen Deutungen der Theologiegeschichte wird die Selbstoffenbarung des unbedingt für den Menschen entschiedenen Gottes angesetzt.
Vgl. G. Essen / Th. Pröpper, Aneignungsprobleme der christologischen Überlieferung, in: R. Laufen (Hg.), Gottes ewiger Sohn. Die Präexistenz Christi, Paderborn u. a. 1997, 163–178; M. Striet, Denkformgenese und -analyse in der Überlieferungsgeschichte des Glaubens. Theologie-hermeneutische Überlegungen zum Begriff des differenzierten Konsenses, in: H. Wagner (Hg.), Einheit – aber wie? Zur Tragfähigkeit der ökumenischen Formel vom ‚differenzierten Konsens' (QD 184) Freiburg / Basel / Wien 2000, 59–80.

[6] Vgl. W. Kasper, Tradition als Erkenntnisprinzip, Systematische Überlegungen zur theologischen Relevanz der Geschichte, in: ThQ 155 (1975) 198–215; M. Seckler, Die ekklesiologische Bedeutung des Systems der ‚loci theologici'. Erkenntnistheoretische Katholizität und strukturale Weisheit, in: W. Baier, u. a. (Hg.), Weisheit Gottes – Weisheit der Welt, Bd. 1, St. Ottilien 1987, 513–528.

[7] Vgl. M. Schulz, Aspekte des Wahrheitsverständnisses in der Systematik katholischer Theologie, in: JRPh 4 (2005) 127–148: 130–133.

[8] W. Breuning, Christus macht dem Menschen den Menschen kund. Zur Verwurzelung des „Erbsünden"-Themas in der Soteriologie, in: B. Claret (Hg.), Theodizee. Das Böse in der Welt, Darmstadt 2007, 117–152: 132.

[9] W. Breuning, Christus macht dem Menschen den Menschen kund (Anm. 8), 118.

[10] Vgl. ausführlich: J. Knop, Die Ursünde – Unheilvolles Erbe der Theologiegeschichte oder der Menschheit? In: H. Hoping/M. Schulz (Hg.), Unheilvolles Erbe? Zur Theologie der Erbsünde (QD 231) Freiburg/Basel/Wien 2009, 25–48.
Trient setzt drei Anker (DH 1513), welche die Frage beantworten wollen, die Paulus unbeantwortet ließ: *warum* alle sündigen (Röm 5,12). Im Ursprung sei die Sünde eine (*origine unum*) – der einzelne (der ‚Postadamit') setze nicht je neu das Böse. Die Sünde sei, wie die Retrospektive des Christusereignisses zeigt, universal, doch das gründe nicht (nur) in flächendeckender Nachahmung (*non imitatione*) oder in einer Vervielfachung des Falls, sondern in der Eingebundenheit jedes einzelnen in den Menschheitszusammenhang (*propagatione* bzw. *generatione*: DH 1514). Daher sei die Ursünde jeder menschlichen Person eingeschrieben (*unicuique proprium*) – als Prägung bzw. Zustand, nicht als Tat seiner Freiheit.

[11] Augustinus, Contra Julian, Opus imperfectum [429/430], IV,91 (CSEL 85,2, ed. M. Zelser: 96f).

[12] Vgl. P. Ricœur, Symbolik des Bösen. Phänomenologie der Schuld II [1960], Freiburg/München ³2002, 292.

[13] Das ist der ursprüngliche Kontext des altkirchlichen Axioms „lex orandi – lex credendi". Vgl. dazu J. Knop, Ecclesia orans. Liturgie als Herausforderung für die Dogmatik, Freiburg 2012, 54–65 (Augustinus).139–180 (Genese und Bedeutung des Axioms).

[14] Dazu: W. Haunerland, Mysterium Paschale. Schlüsselbegriff liturgietheologischer Erneuerung, in: G. Augustin/K. Koch (Hg.), Liturgie als Mitte christlichen Lebens (Theologie im Dialog, 7) Herder 2012, 189–209.

[15] Anselm von Canterbury, Cur Deus homo. Warum Gott Mensch geworden. Lat. u. dt., hg. und üs. von F.S. Schmitt, Darmstadt 1956; Angaben in Klammern im Text (römische Ziffer: Buch; arabische Ziffer: Kapitel).

[16] Boso fragt beispielsweise, ob Gott nicht einer Notwendigkeit unterworfen werde, wenn man seinen Heilswillen in das Modell Sühne zwinge (I,6); ob er, der niemandes Vorgabe unterliegt, nicht auch bedingungslos hätte vergeben können (I,12.24); ob die Preisgabe des Sohnes, ob seine gehorsame Selbsthingabe nicht seine Freiheit aufhebe (I,8–10; II,18) und ob sie ein sadistisches Gottesbild indizieren (I,10); ob und wie eine fremd erwirkte Genugtuung den Sünder erreichen könne (II,20); ob nicht der Schöpfer selbst für seine gefallene Schöpfung haftbar gemacht werden müsse und inwiefern ihr etwas schulde (I,19; II,16); ob es nicht ungerecht sei, vom Sünder etwas zu fordern, was er gar nicht leisten kann (I,24); wie Gerechtigkeit und Barmherzigkeit, Schöpfungsordnung und Erlösungsordnung verbunden werden (I,4.11; II,20).

[17] Vgl. G. Gäde, Wie erlösungsbedürftig ist der Mensch und was kostet seine Erlösung? Zur Aktualität von „Cur Deus homo" 900 Jahre später, in: St. Ernst/Th. Franz (Hg.), Sola Ratione. Anselm v. C. (1033–1109) und die rationale Rekonstruktion des Glaubens, Würzburg 2009, 249–273.

[18] Der Terminus *sacrificium* findet in *Cur Deus homo* keine Verwendung.

[19] S.th. III q. 46, art. 2 ad 3.

[20] Vgl. dazu: K.-H. Menke, Stellvertretung. Schlüsselbegriff christlichen Lebens und theologische Grundkategorie, Einsiedeln/Freiburg ²1997.

[21] Vgl. J. Knop, Art. Soteriologie, Soteriologische Motive, in: W. Beinert/B. Stubenrauch, Neues Lexikon der katholischen Dogmatik, Freiburg 2012, 590-595.595-601.

[22] Vgl. Th. Söding, Sühne durch Stellvertretung. Zur zentralen Deutung des Todes Jesu im Römerbrief, in: J. Frey / J. Schröter (Hg.), Deutungen des Todes Jesu im NT (WUNT 181) Tübingen 2005, 375–396; K. Backhaus, Kult und Kreuz. Zur frühchristlichen Dynamik ihrer theologischen Beziehung, in: ThGl 86 (1996) 512–533; R. Zimmermann, Die neutestamentliche Deutung des Todes Jesu als Opfer. Zur christologischen Koinzidenz von Opfertheologie und Opferkritik, in: KuD 51 (2005) 72–99.

[23] D. Bonhoeffer, Nachfolge [1937] (DBW 4), München 1989, 31.

[24] Das II. Vatikanum erkannte im triduum sacrum die Kulmination der Heilsgeschichte, Konsequenz und Realsymbol der Hingabe und Pro-existenz Jesu Christi zum Heil der Welt (Sacrosanctum Concilium, 5–7; Lumen Gentium, 3; Gaudium et Spes, 37f.).

Sühnt Gott für den „Staub des Todes"?[1]

Ottmar Fuchs, Tübingen

> In Erinnerung an meinen Schüler, Kollegen
> und Freund Prof. Dr. Michael Felder (Fribourg),
> angesichts seines völlig unerträglichen, unver-
> ständlichen und unverzeihlichen plötzlichen
> Herztodes am 5. August 2012.

1. Im Horizont der Klage

Das menschliche Leid ist nicht auffangbar durch das Pathos der Freiheitsgeschichte, weil die jeweiligen Kontext-
bedingungen die beanspruchte Freiheit oder angeblich ge-
schenkte Freiheit gar nicht realisieren lassen (eine solche
Freiheit geschieht erst im Angesicht des Gottes, in dem Freiheit und Liebe zusammenfallen). Der hiesige „Möglichkeitshorizont der Freiheit" ist begrenzt.[2] Deswegen kann im
Diesseits niemals das letzte Wort schon gesprochen sein.[3]
Auch die Nicht-Möglichkeit des Glaubens ist nicht nur um
der Freiheit des Menschen willen von Gott in Kauf genommen, sondern wird von Gott selbst in der biblischen Kategorie der Erwählung aktiv betrieben.[4] Gerade deswegen kann
der Glaube die „Ungläubigen" gar nicht vom Heil ausgren-
zen, er steht vielmehr für deren Rettung selbst.[5] Dies erst
recht, wenn Rudolf Bultmann doch mit seiner Vermutung
ins Schwarze treffen sollte, dass Jesus am Kreuz alles, auch
seinen Glauben verloren hat und derart mit den Nichtgläu-
bigen ein Nichtgläubiger geworden ist. Denn *er* hat den An-
fangsvers des Psalms 22 nicht weiterbeten können, sondern
ist darin stecken geblieben.[6]

Schon gar nicht ist das Leid im Pathos platonisierender

Vorstellungen auffangbar, nämlich dass gegenüber dem guten Gott die kontingenten Erfahrungen des Leidens und des Bösen nur ein Erklärungsproblem darstellen. Die oft schreckliche Ambivalenz des Lebens ist nur im wirklichen „Pathos" des analogen Erfahrungsniveaus theologisch aushaltbar, das Gott hinsichtlich seiner Schöpfung auf sich nimmt. Genau das ist das Problem auch von Verkündigung und Seelsorge, dass viele Menschen erfahren, wie wenig das gepredigte Wort in den Kirchen, wie wenig Begegnungen mit Seelsorgern und Seelsorgerinnen das Niveau ihrer eigenen Erfahrungen und Brüche erreicht.

Was ich im folgenden, wo ich von verschiedenen Ausgangsorten auf mein Thema zugehe, zu sagen wage, steht unter dem Vorbehalt der uneinholbaren ontologischen wie eschatologischen Transzendenz Gottes.[7] Alles diesbezüglich Gesagte hat nur Platzhalterfunktion für die dahinterstehende geglaubte und erhoffte Wirklichkeit, gewinnt aber gegenwärtige Wirklichkeit dadurch, dass sich die Identität von Mensch und Gemeinde danach richtet, vorläufig zwar, aber unvorläufig, wenn es darum geht, dafür Gefahr und Bedrängnis (vgl. Offbg 7,14), ja den letzten Einsatz zu riskieren.[8] „So halten sie (die Gottesaussagen) nicht bloß im Allgemeinen, sondern in bestimmter Konkretheit als Sprachbewegung den eschatologischen Verheissungshorizont offen, indem sie die Negativität, die Gebrochenheit und den ‚Schrei' vernehmbar machen. Sie wahren und schützen das Geheimnis der Leidenserinnerung und ihrer Transzendenz." So bleibt der biblische Gottesname „nicht als zeitjenseitige, zeit-lose Ewigkeit, sondern als die zeitbeendende Macht im Welthorizont der Geschichte für Menschen rufbar."[9] – rufbar auch in Klage und Anklage.[10]

Aus biblischer Perspektive ist so weit zu gehen, dass dem Gottessohn in Solidarität mit den leidenden Menschen die Spiritualität der Klage gegenüber Gott möglich ist, die, wie im biblischen Klagegebet, Anklagemomente in sich enthält. Es ist also durchaus biblisch, Gott der Anklage auszusetzen.[11] Die Klage ist damit, wie Jan-Heiner Tück notiert, tatsächlich „kein Akt des Widerrufs und auch keine Manifestation des Unglaubens", sondern hält gerade in der äußersten Bedrängnis die Verbindung aufrecht.[12] Allerdings handelt es sich um einen Schrei des Protests, nämlich des Zeugnisses für das Leiden der Menschen vor dem Angesicht und auch gegen das Angesicht des göttlichen Vaters. Es ist der Protest auf der Seite derer, die die Gottesverlassenheit erfahren haben, gegen den Gott, der *letztlich* für diese Verlassenheit verantwortlich ist.

Eine Verdammung oder gar Dämonisierung Gottes kennt die Bibel in ihrer Klagespiritualität nicht. Denn dann würde sich der Mensch über Gott stellen, allein seine eigene Empörung zum Maßstab seiner Beurteilung machen und Gottes Geheimnis zu hintergehen versuchen. Innerhalb der Offenbarung ist die noch so kontrafaktische heilsökonomische Semantik eine kritische Quelle gegen alle Versuche, Gott so zu verfinstern, dass er alles von den Menschen will, aber sie dann doch als Personen nicht leben lassen will, bis hin zu jener Verfinsterung, dass Gott selbst zum Satan wird, der die Vernichtung des Menschen will und dem es von daher entweder völlig egal ist, wie sie leben, oder der sich am liebsten an ihrer Selbstzerfleischung ergötzt, wie Georg Büchner dies eindrucksvoll ins Bild gebracht hat.[13]

Es gibt also, sofern man überhaupt die Existenz eines Gottes annimmt, folgende Möglichkeiten:

– ein *liebender* Gott bleibt universal für alles, auch das Schlimme verantwortlich,

– man spaltet Gott in sich selbst oder in einer Zweiheit in einen nur bösen oder nur guten Gott. In einem solchen *Dualismus* wird der eine wie der andere Gottesanteil um seine Universalität gebracht.

– ein *satanischer* Gott ist selbst universal und will die Vernichtung all dessen, was er und an Gutem zugelassen hat.

In der christlichen Theologie ist davon auszugehen: Wie Gott uns in Christus begegnet, hat auch eine, wenn auch von uns nie hintergehbare Entsprechung in seinem eigenen Sein, wenn die Voraussetzung gilt, dass seine Beziehung ehrlich ist und etwas von dem zum Vorschein bringt, was er selber ist. Mehr können wir auch im Glauben von Gott nicht wissen, als von dem, wie er uns begegnet, auf sein Innerstes zu schließen, und zugleich dieses Innerste gegenüber unseren eigenen Erfahrungen immer größer und unähnlicher sein zu lassen als ähnlich. Wäre dagegen das, was von ihm auf uns zukommt, nicht in seinem Wesen und in den inneren Beziehungen seines Wesens verwurzelt, so würde er lügen, so wäre er selbst der Vater der Lüge, der Diabolos, der Teufel und zugleich der Verräter seines Sohnes. Doch ist er das nicht auch?

2. In der Tiefe des Entsetzens

Etwas Anderes als ein endgültig satanisches oder dualistisches Urteil über Gott ist allerdings das menschliche Entsetzen über das, was als seine dunklen Seiten in der Geschichte erfahren wird und was bereits in der Bibel selbst, wie etwa in Psalm 88 oder in Psalm 22,16 Gott zugeschrieben wird: „Du hast mich in den Staub gelegt!".

Jesus selbst führt die Klage gegen Gott an (vgl. Mk 15, 34):[14] im Sinne einer „anamnetischen Christologie", die auch eschatologisch nicht aufhört, sondern in dem „rückfragenden Schrei des Sohnes an den Vater" zukünftig gegenwärtig bleibt, „der in aller Erhebung zu Gott [...] mitgehört werden muss."[15] Heilsökonomisch-trinitarisch vollzieht sich am Kreuz ein spannungsintensives Szenario. Indem Gottes Sohn gegen den Vater, den Schöpfer klagt, ist das Kreuz Gericht gegen Gott. Indem im Menschensohn Gottes Sohn selbst der Gewalt der Menschen anheimfällt, ist es das Gericht Gottes gegen die Menschen zugunsten aller Opfer. Und indem Jesus sein Kreuz als Sühne für die Täter begreift, wird das Kreuz zum Ort, von dem her er den Tätern Vergebung und Rettung zuspricht.

Indem der Gekreuzigte die Warum-Frage stellt, eröffnet er den Klageprozess, der durchaus eine offene Geschichte haben kann, mit der Gefahr, dass er scheitert, dass die Verbindung zwischen Gott und Welt zerfällt. Die Auferweckung Jesu allerdings signalisiert ein endgültiges gegenseitiges Aneinander-Festhalten von Mensch und Gott in Jesus Christus. Es kommt nicht zu einer endgültigen Trennung, sondern zu einer endgültigen Verbindung, in der kosmischen Versöhnung eines neuen Himmels und einer neuen Erde in dem Christus, durch den alles geschaffen und gerettet ist. Worin der Psalm 22 in seinem dritten Teil mündet, nämlich in Lob und Dank und im entsprechend universalen Festmahl, ist ein Versprechen darauf, dass der spirituelle Prozess des Klagegebets den eschatologischen Prozess der Welt bis in das „jüngste Gericht" hinein widerspiegelt. Dann ohne die Notwendigkeit eines weiteren Lob*gelübdes*, weil sich Gottes Gerechtigkeit und Barmherzigkeit im eschatologischen Jetzt ohne noch Ausstehendes endgültig ereignet haben wird: als Doxologie von Angesicht zu Angesicht.

Der Schlüsselbegriff des Gerichtes markiert die Notwendigkeit, dass es zwischen alter und neuer Welt einen Vorgang gibt, in dem das Neue nicht beginnen kann, wenn das Alte nicht ernst genommen und in Gerechtigkeit zu Ende geführt wurde. So müssten wir auf einen Gott verzichten, selbst wenn es ihn gäbe, sollte er einfach über die Leidensgeschichte der Menschen hinweggehen und unverbunden damit eine „schöne neue Welt" errichten wollen. Man kann keine Eschatologie betreiben, die ein derartiges Wagnis des Getäuschtwerdens und Betrogenseins eingeht.[16]

So ist auf jede Art von Himmel zu verzichten, der durch Amnestie und Amnesie erkauft ist.[17] Die Klage ist es, die die für Gott „gefährliche" Erinnerung in den eschatologischen Tag hineintransportiert: als „Kontinuum" des radikal Diskontinuierlichen. Die Anamnese darf niemals aufhören, wenn auch dort in einer anderen, „verklärten"[18] Form, doch nie endgültig verabschiedet. Denn sonst würde zutreffen, was Johann Baptist Metz im Anschluss an Friedrich Nietzsche formuliert: „Die Ewigkeit der Zeit erzwingt das Vergessen als Bedingung des Glücks."[19] Wenn der Himmel der Ort ist, wo das „Eingedenken"[20] niemals aussetzt, dann wird er auch am Ende die Opfer vor der Siegerkategorie bewahren, in der sie über das ewige Leiden der Täter triumphieren könnten, während sie ein zeitlich begrenztes Leid hinter sich haben. Sonst würde der Himmel nochmals zu dem Ort, wo die Seligen „ihr Glück nur noch auf das mitleidlose Vergessen der Opfer bauen könnten."[21]

Die „Wachheit der Sehnsucht nach Aufklärung des Dunkels und Abwerfen der Last", dieses abgrundtiefe Entsetzen und Unverständnis gegenüber dem Geheimnis des Bösen, „ein dunkles, lastendes Geheimnis", das zugleich das schlimme Geheimnis der eigenen Anfälligkeit dafür enthält,[22] diese Sehnsucht wird angesichts des neugewonnenen Lebens in der Auferstehung und angesichts einer neuen möglichen Begegnung mit einem auch in dieser Hinsicht abgrundtiefen Geheimnis Gottes unbändigen Ausdruck finden und darin zugleich die Offenheit für die entsprechende „Antwort" Gottes vorbereiten.

Dies wird Gott uns noch vor jeder „Sinnantwort" offenbaren: dass er sich nicht herausgehalten hat, dass er nicht von außen zugeschaut hat, sondern dass er selbst in dem gleichen Maße das Leid der Menschen erlebt hat, wie diese es erlebt haben. Nur dadurch können die Menschen, soweit sie Opfer waren, ihn als durch und durch glaubwürdig erfahren und ihn als den annehmen, der das Gericht gegen die Menschen, soweit sie Täter waren, führen wird: nämlich nicht nur als der Anwalt der Opfer, sondern als durch und durch Mitbetroffener. An seiner Antwort wird bereits zu erfahren sein, dass Leid nur mit dem „aufgewogen" werden kann, was es selber ist, auch auf der Seite des Schöpfers und hier mit seinem substanziellen Mitleiden. Unterhalb dieses Niveaus kann es keine befriedigende Antwort Gottes auf die Klagen der Opfer geben.

Im Bild des Auferstandenen formuliert: Dadurch, dass Gott den Auferstandenen mit seinen Wundmalen (vgl. Lk 24,39–40;[23] Joh 20,25.27–28), mit seinem Martyrium in sich hinein holt, holt er das Leiden der ganzen Menschheit, das Martyrium unserer Geschichte in sich hinein. Denn Gott heilt „in seiner Inkarnation [...] nicht nur die natürlichen Zumutungen, sondern setzt sich selbst dieser Welt voller Unheil, voller Engstirnigkeit und Kleingläubigkeit aus, sodass Gott selbst nicht mehr ohne dieses Leiden zu bestimmen ist."[24] Es ist der gekreuzigte Gott. „Ein Gott, der nicht mehr ohne die Foltermale Jesu denkbar ist."[25]

Diese im „Heiligen Geist" geschehende komplexe Vernetzung zwischen Gott und Mensch in Christus bestimmt auch die Qualität des Geistes zwischen dem Vatergott und der zweiten göttlichen Person in Gott selbst. In den Schreien und Klagen der Menschen schreit und klagt Christus, nicht nur innergeschichtlich, sondern zugleich als der in Gott existierende Gottessohn, wodurch das Leiden der Menschen in Gott selbst substantiell erlitten und derart gehört wird. In dieser „negativen Christologie" hört Gott die Schreie nicht nur von außen, sondern auch von innen. Der Geist selbst, der in uns mitleidet (vgl. Röm 8,26), prägt von daher auch die innergöttlichen Beziehungen. Dies ist keine sinnlose Verdoppelung des Leidens, von der niemand etwas hat; vielmehr ist hier die Rede von einer Dynamik, mit der der Gottessohn das negative Mysterium des Leidens in Gott selbst vertritt und darin „gegen" ihn klagt. Das menschliche Leiden wird dadurch nicht theologisch verklärt, sondern bekommt in seiner entsetzlichen negativen, syntheselosen Wirklichkeit einen Raum in Gott. Seine zu Gott antithetische Realität wird nicht hegelianisch „aufgehoben", sondern durch Christus zum Widerspruch gebracht. Wer diese Resonanz des Leidens Jesu im göttlichen Sohn und damit in Gott selbst streichen will, lagert die Menschwerdung Gottes in Jesus aus Gott selber aus, indem er ihre substantielle Beziehung mit Gott im Heiligen Geist leugnet, der doch nach innen wie nach außen „alles umfängt".

Alle Klagen der Menschen werden vom gemarterten Gekreuzigten in Gott selbst gegen sein eigenes Herz ausgesprochen. Was Jesus in der Geschichte war, bleibt er also in Gott selbst. Die Passion Gottes mit den Menschen ist der Beweis der unendlichen solidarischen Liebes- und Lebensmacht des allmächtigen Gottes. Denn alles Leid der Erde befindet sich in ihm und findet auch in ihm statt. Davon sind nunmehr auch die innertrinitarischen Beziehungen betroffen. So wird der dreieine Gott zur Offenbarung seiner Leidempfindlichkeit mit den Leidenden und seiner Versöhnungsbereitschaft mit den Bösen.

Das intensivste Merkmal dieser Beziehungsaufnahme des trinitarischen Gottes durch den Gottessohn und im Heiligen Geist mit der Menschheit ist, so paradox dies klingt, die

Gottverlassenheit des Gottessohnes. Am Kreuz trägt Jesus nicht nur das Leid der Menschen mit, wie es von Menschen zugefügt wird, sondern er trägt auch das Leid der Menschen an einem Gott, der nicht hilft. Es ist deshalb konsequent, dass der heidnische Hauptmann genau an der Stelle die Wahrheit des Sohnes Gottes erfährt, als dieser so stirbt, so dass er die Klage herausruft: „Mein Gott, mein Gott, warum hast du mich verlassen?" Angesichts der Gottverlassenheit kann er sagen: „Dieser Mensch war Gottes Sohn!" (Mk 15,39). Intensiver kann man die Verbindung von Gottverlassenheit und Gottes Gegenwart in Jesu Geschichte, von daher auch weitergehend durch den Heiligen Geist, der zugleich der Geist des Auferstandenen ist, in unserer Geschichte und in unseren Geschichten kaum mehr zum Ausdruck bringen.

4. Noch radikaler?

Auf eigenartige Weise kann der anklagende Protest als Radikalisierung des Kreuzesgeschehens qualifiziert werden. Der nordamerikanische Theologe Ronald Goetz rekonstruiert den Tod Jesu Christi nicht nur als Gottes Sühne für die Sünden der Menschen, sondern auch als Sühne Gottes selbst, „nämlich dafür, dass in letzter Instanz er selbst es ist, der sowohl für das Böse wie auch für das Gute verantwortlich ist."[26] Würde man so weit gehen und das im Kreuz erfolgte Gericht in dieser doppelten Weise sehen, dann hätte dies auch eschatologische Konsequenzen. Die letzten Worte des Gekreuzigten mit der klagenden Warum-Frage aus Psalm 22 deuten in diese Richtung. Denn hier vollzieht sich das Kreuz als Anklage des Messias und, wenn man die Anklage auf ihre soziale Grammatik bezieht, als Gericht des Gottessohnes gegen Gott.

Gott lässt sich offensichtlich im Gottessohn am Kreuz

selbst zur Verantwortung ziehen. Gott allein weiß um das vollständige Geheimnis der Notwendigkeit des Kreuzes, dem er sich in seinem eigenen Sohn aussetzt, um die Notwendigkeit einer Sühne, der er sich für diese gefallene Schöpfung im derart Klagenden substantiell aussetzt und der er sich in seinem eigenen Sohn unterwirft.

Dass Gott in der zweiten göttlichen Person am Kreuz das Leiden der Menschen aushält, kann dann angesichts seiner Verantwortlichkeit für diese Welt als Sühne Gottes selbst verstanden werden: für diese Schöpfung, weil es in ihr so viel Böses und so viel Leid gibt, und weil er letztlich für alles verantwortlich ist.[27] In Christus macht er sich selbst zur Sünde, zum Schuldigen, zum Mittäter. So wird Gott am Ende auf seinen Sohn zeigen, wie damals in der Taufe Jesu im Jordan, und sagen: Dies ist mein geliebter Sohn, in dem ich mein eigenes Sühneleiden im Leiden der Menschen offenbare.

Weder Gott noch die Menschen können entschuldigt werden, weil das Leid niemals entschuldigt werden kann, denn es ist geschehen. Versöhnung kann es nur auf dem Widerfahrnisniveau dessen geben, was geschehen ist. Versöhnung ist damit immer das Gegenteil von Selbst- und Anderen-Entschuldigung. Navid Kermani trifft diesen Zusammenhang punktgenau: „Jesus leidet nicht, wie es die christliche Ideologie will, um Gott zu entlasten, Jesus klagt an: Nicht, warum hast du mich, nein, warum hast du uns verlassen?"[28] Jede Art von Entschuldigung Gottes ist fehl am Platze. In diesem Zusammenhang gibt es auch keine „Geduld mit Gott".[29]

So ist die Kreuzigung als Gewaltakt abzulehnen.[30] Aber in diesem Gewaltgeschehen, das die Menschen verursachen, und das Gottvater nicht verhindert, gibt es eine neue „gewaltige" Gottespräsenz, in dem Sinne, wie Georg Trakl (1887–1914) seinen „Verklärten Herbst" beginnt: „Gewaltig endet so das Jahr", nicht mit Gewalt natürlich, sondern „mit goldnem Wein und Frucht der Gärten". Das Wort Gewalt kommt hier von seiner Urbedeutung des Waltens, eines Waltens, das kraftvoll und leise zugleich ist, gut und wunderbar, mutgebend und wegbegleitend. Theologisch geht es um den gewaltigen Eindruck des Verhältnisses von Gott und Empathie, das aus sich selbst heraus Mitleid mit den Opfern, Sühne für die Schuldigen und für sich selbst als von den Menschen Beschuldigten walten lässt.

Deshalb fällt seine Sühne „für sich" gar nicht aus der Sühne „pro nobis", also für uns heraus.[31] Und wenn Gott angeklagt und zur Sühne herausgefordert wird, dann heißt das noch nicht, dass sich der Mensch zum Richter über Gott aufschwingt, sondern dass er angesichts des Leidens nicht anders kann als gerade den *allmächtigen* Gott anzuklagen und auf seine nicht erfahrbare Liebe zu befragen, gerade weil man sich nicht über ihn aufschwingen kann. Dies gilt auch für Schuldzuschreibungen gegenüber Gott,[32] die, wie oben angedeutet, durch und durch biblisch sind.

Es ist darin nicht der Menschen Problem, sondern Gottes Problem, nämlich die Grundfrage zu beantworten: Wie kann die Liebe Gottes, so unwahrscheinlich sie angesichts der Weltlage ist, den Menschen erfahrungsadäquat begegnen? Dies geht nicht dekretorisch, sondern nur existenziell, wobei sich diese Existenzialität auf Gott selbst bezieht, bis hinein in seine Inkarnation, bis hinauf aufs Kreuz, bis in die Formulierung hinein: „Ich bin der Weg, die Wahrheit und das Leben!" (Jo 14, 6). Das neue Modewort der Ganzheitlichkeit trifft gleichwohl, in all seiner Tiefe verstanden, diese Begegnungsqualität. Der *ganze* Gott ist hier gefragt, aus seinem innersten Wesen heraus, das in Christus Mensch und Sühne wird.

Im Gericht kann keine Schuld entschuldigt werden, vielmehr ist es gerade der Ort der Beschuldigung hinsichtlich dessen, was Menschen an Leid zugefügt wurde. Versöhnung kann es nur geben in einem Ereignis, in dem die Verantwortlichen auf dem authentischen Erfahrungsniveau zeigen, dass es ihnen mit der Versöhnung ernst ist, hinsichtlich Gottes: dass es ihm, im Vollzug mindestens korrespondierend mit der Qualität der Erlösungsbedürftigkeit, mit der Erlösung ernst ist.

Das Sühneleiden eines guten Gottes, den es *reut* (eine durch und durch biblische Kategorie hinsichtlich der Einstellung Gottes den Menschen gegenüber[33]), dass er Leid zulässt und zugelassen hat, entschuldigt nicht, Gott und das Leid banalisierend, Gott, sondern belangt diesbezüglich gerade einen *guten* Gott. Ein satanischer Gott käme niemals in diese Verlegenheit. Wer Gott entschuldigt, nimmt weder den Menschen noch Gott noch ihren salvatorischen Kontakt ernst.

Wenn man Reue als jenen Vorgang definiert, in dem es einem Menschen leid tut, Leid zugefügt zu haben, wenn also die Reue mit einem Leid eigener Art verbunden ist, nämlich mit einem Resonanzleiden, das dem zugefügten Leid entspricht, dann nähert sich der Reuebegriff der Sühne. Denn auch die Sühne beinhaltet ein responsorisches Verhalten, das sich die Wiedergutmachung nicht weniger kosten lässt als das, was die Sühne erfordert. Auch die Sühne verbindet sich also mit der Übernahme eines „Leidens" und weiß darum, dass zugefügtem Leiden nur auf dem entsprechenden Niveau bzw. in der entsprechenden Tiefe „geantwortet" werden kann.

Interessant ist hier ein Vergleich der Lutherübersetzung mit der Einheitsübersetzung hinsichtlich des Psalmverses

106,45: Luther übersetzt die Verse 45 und 46 folgendermaßen: „Und er sah ihre Not an, da er ihre Klage hörte, und
gedachte an seinen Bund, den er mit ihnen gemacht hatte;
und es reute ihn nach seiner großen Güte [...]" Die Einheitsübersetzung hat hier: „Doch als er ihr Flehen hörte,
sah er auf ihre Not und dachte ihnen zuliebe an seinen
Bund; er hatte Mitleid in seiner großen Gnade." Dass für die
Übersetzer hier Mitleid und Reue austauschbar scheinen,
spricht dafür, den Mitleidsvorgang im Horizont des Reue-
vorgangs wahrzunehmen, zumal genau das, was die Sühne
gegenüber dem Mitleid herausstellt, nämlich dass es einen
Verursachungs- und Schuldzusammenhang gibt, tatsächlich gegeben ist: Denn in Psalm 106 reut Gott, was er selbst
verursacht hat, was er verschuldet hat, nämlich sein Zorn
gegenüber seinem Volk (vgl. Vers 40: „Der Zorn des Herrn
entbrannte gegen sein Volk, er empfand Abscheu gegen sein
Erbe.") So kann man mit einiger Vorsicht sagen, dass Gott
in seinem Mitleid für seinen „Zorn", für das von ihm beim
Volk verursachte Leid Sühne leistet.

Ähnlich ist die Grundstruktur bei Jeremia 18,8: „Kehrt
aber das Volk, dem ich gedroht hab, um von seinem bösen
Tun, so reut mich das Unheil, das ich ihm zugedacht hatte."
(Vgl. auch Jer 26,3). So auch Joel 2,13: „Zerreißt eure Herzen, nicht eure Kleider, und kehrt um zum Herrn, eurem
Gott! Denn er ist gnädig und barmherzig, langmütig und
reich an Güte, und es reut ihn, dass er das Unheil verhängt
hat." (Vgl. auch Amos 7,3 und 6).

„Unbedingte Liebe kann endlos warten, weil sie will. Sie
kann zornig sein, will aber nicht vernichten."[34] Die biblischen Geschichten tun alles für diese Erfahrung, dass die
Menschen Gott ernst nehmen können, als einen Gott, der
letztlich Leben und Liebe ist und gibt. Dies scheint mir
das Grunddogma der biblischen Offenbarung zu sein. Dabei weist die Bibel einen beträchtlichen anthropologischen

Reichtum darin auf, dieses spezifische Verhältnis Gottes zu den Menschen zum Ausdruck zu bringen. Es ist eine bewegliche Semantik, wie sie sich auch in den unterschiedlichen Übersetzungsmöglichkeiten spiegelt. Es ist zwar richtig, dass in der Bibel nicht von der Sühne Gottes die Rede ist. Aber wenn man die Semantik tatsächlich auch über die Bibel hinaus beweglich hält, kann, ja muss man vielleicht sogar die in den biblischen Texten zum Vorschein kommenden Motive, vor allem das Motiv der Reue Gottes, durchaus auf das neue Motiv der unvertretbaren Sühne Gottes hin weiterführen: herausgetrieben von der neuen praktisch-hermeneutischen Lage angesichts der höllischen Erfahrungsseiten in dieser Welt, die mit der Shoah eine neue traumatische Wucht erhielten.

Sicher: Gott geht weder in seinem Mitleiden noch in seinem doppelten Sühneleiden auf. Er steht dem Leid auch und dazu dem Bösen in Allmacht gegenüber! Sonst gäbe es weder eine Hoffung auf das Gericht noch auf den Himmel. Die Ablehnung des Patripassianismus signalisiert den Zusammenhang, dass der unendliche Schöpfergott darüber hinaus unendlich mehr und anders ist. Doch ist die Trinitätstheologie zugleich dafür der Ausdruck, dass mit dem zurückgekehrten Sohn Gottes in Gott selbst ein substantielles Bewusstsein[35] für das Leiden der Menschheit gegeben und präsent ist und dass diese im Gottessohn gegebene Präsenz nicht das darin repräsentierte Leiden der Menschheit aus den innertrinitarischen Beziehungen heraus hält. Vielmehr ist es jener Geist, der auch Vater und Sohn verbindet, der mit der Schöpfung seufzt: in Mitleid, Reue und Sühne.

Das Faszinierende an Anselm von Canterbury war, dass er eben nicht daran glauben konnte, dass Gott einfach so, nämlich umsonst vergibt. Umsonst schon, was die Menschen anbelangt, aber nicht umsonst, was Gottes Engagement selbst anbetrifft. Im damaligen sozialkulturell bedingten Satisfaktionskonzept wird in dessen Kategorien rekonstruiert, dass diese Liebe Gott selbst unendlich viel kostet, nämlich dass sein Sohn Sühne für die Sünden der Menschen leistet.

Anselms *Anliegen* hat bleibende Bedeutung: Bis hinein in die Vorstellungsmöglichkeit, dass Gott in der Menschwerdung „die Satisfaktion für seine eigene Schöpfungstat" leistet, „indem er sich als Sohn das zumutete, was er allen Menschen zumutet: Ein Leben, das nicht nur voller Schönheit und Lust sein kann, sondern auch ungeheure Abgründe bereithält. Wenn man so will, sühnt Gott sein riskantes Schöpfungswerk, und er gibt zugleich Hoffnung auf Zukunft. Denn der in diesem Glauben offenbar gewordene Gott ist als unendliche Liebe und Treue offenbar geworden. Dass dieser Gott auch Zorn kennt, ist nicht zu verschweigen. Es ist der Zorn gegenüber Engherzigkeit, Lieblosigkeit und Gewalt, die ihn, der Liebe ist, nicht gleichgültig sein können, ja die ihn selbst schmerzen angesichts des Preises, den die Menschen dafür zu zahlen haben."[36]

6. Nicht Dämonisierung sondern Rettung Gottes

Für mich waren diese Überlegungen, wie sie Ronald Goetz und A. Roy Eckardt[37], auch im Gespräch mit zeitgenössischen jüdischen Theologien,[38] für eine „Theologie nach Auschwitz" in den Blick genommen haben, nämlich dass der Kreuzestod nicht nur als Akt der Sühne für die Schuld der Menschen, sondern auch für eine «Schuld Gottes» aufgefasst werden darf, eine zunächst Widerstand erregende, aber dann doch ernstzunehmende Anfrage an ein noch tieferes Verständnis des Kreuzestodes gerade hinsichtlich der Gottesbeziehung der zweiten göttlichen Person. Jan-Heiner Tück hält dies für problematisch und das ist es auch, wenn damit der Dämonisierung und Verkleinerung Gottes Tür und Tor geöffnet würden. Dennoch halte ich diese Vorstellung nicht nur für möglich, sondern spätestens nach dem Holocaust für unausweichlich, ohne dabei in die Falle der Dämonisierung Gottes geraten zu müssen. Eher ist das Gegenteil der Fall: Gottes Schöpfungsbeziehung gewinnt eine bisher buchstäblich „unerhörte" Tiefe, weil Gott in seiner substantiellen Verantwortung für das Böse und das Leid und zugleich in seiner Rettungsabsicht, die nichts Getanes und Erlittenes um seine Substanz bringt, ernst genommen wird und auf *dieser* Basis die Doxologie freisetzt. Ich würde mir jedenfalls wünschen, dass vor einer „endgültigen" Beurteilung noch intensiver darüber, und nicht nur im systematischen theologischen Diskurs, nachgedacht und gestritten werden sollte.[39]

Eine Dämonisierung Gottes läge vor, wenn Gott koextensiv, also samt und sonders böse gedacht wäre. Gegenüber dieser satanistischen Position geht es mir mit dem Einbezug des aus menschlicher Perspektive Dämonischen in einen insgesamt guten Gott darum, dass es in Gott selbst eine Bewältigung des Dunklen gibt. Das Dunkel wird in Gott vom Licht überströmt und Luzifer wird wieder sein wie er heißt. Dies allein rettet eine Doxologie, die ihrerseits dem Dunklen gegenüber nicht blind ist. Damit sitzt man nicht über Gott Gericht, man beschuldigt Gott nicht in der Hybris von oben nach unten, sondern sucht und stottert eine hilflose Sprache, um ohne Verdrängung dessen, was alles aus dem Menschen angesichts des Übels herausdrängt, sanktionsfrei und angstfrei beten zu können. Gebetshermeneutisch kann nichts aus der Gottesbeziehung ausgeschlossen werden, solange sie doxologischer Ausdruck der Anerkennung des universalen und guten Gottes ist.

Was dies christologisch bedeutet, kann möglicherweise im Horizont der Karsamstagstheologie von Hans Urs von Balthasar weitergedacht werden.[40] In seiner Kreuzestheo-

logie hat er eindrucksvoll dargelegt, dass sich die Kenosis stellvertretender Proexistenz des Gekreuzigten nicht nur auf den Karfreitag, sondern auch auf den Karsamstag bezieht. Obgleich der Mensch gewordene Gottessohn außer der Sünde war und immer sein wird, wurde er von Gottvater „für uns zur Sünde gemacht, damit wir in ihm Gerechtigkeit Gottes würden" (2 Kor 5,21). Gott hat Jesus zur Sünde (aller Menschen) gemacht, um alle Menschen von der Sünde und vom Tod zu erlösen. Jesus wird behandelt, als ob er Urheber der Sünde wäre, als ob er schlimmster Täter gewesen wäre. Als solcher lässt er sich behandeln, als solch Behandelter steigt er am Karsamstag in die tiefste Hölle, um jene Strafen, die die Täter gerechterweise erleiden, auf sich zu nehmen und sie dadurch aus der Hölle zu befreien. Mit den Tätern, mit den Sündern und Sünderinnen und zugleich an ihrer statt, nämlich dass sie durch das Mitgehen Christi von dem Leid des Todes und des ewigen Todes befreit sind, sühnt der zur Sünde Gemachte als Sündenloser für die Sünder und Sünderinnen: mit ihnen und dadurch sie zugleich davon erlösend. Jesus will nicht nur nicht das Leiden der Opfer, sondern er will auch nicht das Leiden der Täter. Doch kostet ihn das unendlich viel, soll nicht das Leiden der Opfer angesichts seines Einsatzes für die Täter verkleinert oder gar missachtet werden. Dies ist seine Sühne *für uns*!

Diese Karsamstagstheologie wäre nun entsprechend weiterzuschreiben: Kann man darin, von der menschlichen Leidensgeschichte her gesehen, auch so etwas sehen wie ein Hinabsteigen Christi in die „höllische" Tiefe Gottes, wie eine Sühne Christi für jene unerklärliche abgründig-dunkle „Tatenlosigkeit" Gottes, wie sie durch die Menschen leidvoll erfahren wird, für den aus unserer Perspektive (wie auch sonst) jedenfalls dunklen Teil Gottes, der als Gottverlassenheit bereits Ursache der Klage Jesu am Kreuz und der innergöttlichen Klage ist? Denn wenn von Gottverlassenheit die Rede ist, dann muss auch damit gerechnet werden, dass Gott Subjekt dieses Verlassenseins ist. Dann heißt das zugleich, dass von der Erfahrung der Menschen her Gott selbst verlassen hat, insofern er noch etwas mit uns zu tun hat, wenn er nichts Rettendes tut. Obgleich er es, so ist zu unterstellen, von seiner Allmacht her tun könnte, wodurch er „indirekt" als „Täter" erscheint. Dann bringt nicht nur die am Kreuz formulierte, sondern auch die eschatologische Klage Christi jene Differenz zum Ausdruck, die Christus um der Menschen Willen „gegen" den Vater treibt, so dass er in seiner Gottverlassenheit jene Anteile Gottvaters in gewisser Weise absühnt, die bei den Menschen als dunkel und destruktiv erfahren wurden und werden. Darin käme zum Ausdruck, dass auch in Gott selbst dieses Nichteingreifen des Schöpfers nicht einfach resonanz- und wirkungslos bleibt.

Gott solidarisiert sich im Gottessohn dann auch mit den Menschen, die diese Sühne Gottes einklagen. So sühnt er als Menschensohn stellvertretend für des Schöpfers Rettungsweigerung und Eschatologieverzögerung, insgesamt für das Zulassen *dieser* leidvollen Welt. Kann vielleicht doch von „Sühne" beim Gottessohn die Rede sein, insofern er darin jenen Anteil menschlichen Leidens gegenüber Gott zur Geltung bringt, der an Gott selber leidet, so dass zum Ausdruck kommt, dass Christus auch diesen Anteil menschlichen Leidens mitgelitten haben wird? Denn Sühne heißt, mit der eigenen Existenz auszutragen und gutzumachen, was man selbst oder was Andere Anderen zugefügt haben. Über die Reue hinaus betont die Sühne den Tatanteil einer Wiedergutmachung, die Mühe, Opfer und Leid mit sich bringt. Gibt es ein solches Sühnebedürfnis in Gott selber, insofern ihn die dunklen Erfahrungen seiner Wirklichkeit in der Geschichte der Menschen in Christus so betreffen, dass er dies in Christus als eigenen Sühneanteil (ein anderes Wort ist mir in diesem Zusammenhang nicht verfügbar) ausleidet, einem Sühneanteil, der den Menschen als göttliche Empathie zugute kommt, und der in das verheißene Sühnewerk der Rettung des und der Verlorenen mündet?

7. Nur ein allmächtiger Gott kann retten

Die Bibel ist ja voll von Geschichten, in denen Gott als einer erfahren wird, der Gewalt antut:[41] In der sündigen Verfasstheit der Welt muss Gott offenbar selbst „sündigen", wenn er mit der Rettung des auserwählten Volkes die Vernichtung anderer Völker, zum Beispiel den Tod der Ägypter, hervorruft. Erst wenn im Gericht diese sündige Verfasstheit der Welt abgestellt sein wird, kann es auch die Rettung der Benachteiligten seines Eingreifens in die Geschichte hinein geben. Ist es so abwegig, dass der Menschensohn für diesen Erfahrungsanteil Gottes in der Geschichte Sühne leistet, indem er auch sich selbst diese Gewalt antun lässt, und dass gerade dies der Wille des Vaters ist (vgl. Lk 22,39–46)? Gibt es von daher nicht nur die Sühne von Gott her, nämlich für die Menschen zu sühnen, sondern auch die Sühne vom Menschen her, nämlich dass Christus in seiner Anwaltschaft für die Menschen für die dunklen Seiten Gottes sühnt? Christus sühnt für den anderen als lieb erfahrbaren Gott, für diesen „Vater", den Demiurgen, der selbst grausam, herzlos, ja satanisch erscheint. So dass es derart zu einer „Hochzeit" von Himmel und Hölle kommt, in der in Gott selbst die Gewalt der Liebe, getrieben im Sohn und im Heiligen Geist, alles überwältigt.

Nicht in Gott selbst ist für Christus Gott dunkel, aber von den Erfahrungen der Menschen her, mit denen er sich solidarisiert, erfährt er die Dunkelheit Gottes, leidet er selbst an dieser Gottesverlassenheit in der Gottesbeziehung zum

Vater und klagt vom Menschen her so etwas wie die Sühne Gottes für diese dunklen Seiten ein, die er zugleich in seinem stellvertretenden Mitleiden dieser Gottverlassenheit vollzieht. So dass er nicht nur den Menschen mit Gott versöhnt, sondern auch Gott mit den Menschen, vom Menschen her gesehen!

Darin, dass der Gottessohn radikal *als* gekreuzigter Menschensohn auch die innertrinitarische Beziehung zu Gottvater prägt, repräsentiert er so etwas wie die Verantwortungseinsicht Gottes, dass er der alleinige Schöpfer aller Dinge ist und letztlich für alles verantwortlich bleibt, auch für die Erfahrungen seiner selbst als dunkel und zerstörend. Selbstverständlich sind für die Erfahrungen des Leidens die Bosheit der Menschen, das Böse ihrer Strukturen und Technik, sowie die Katastrophen der Natur verantwortlich, doch kann man den Schöpfergott nicht aus seiner Gesamtverantwortung für das Gesamtgeschehen der Schöpfung bis zum heutigen und bis zum letzten Tag entlassen, denn sonst wäre er als letztverantwortlicher Schöpfer entlassen. So ist Striet zuzustimmen: „Denn weil Gott als vollkommene Liebe geglaubt wird, verschärft sich ja die Frage nach dem *Warum überhaupt?* der Abgründigkeit menschlichen Leidens – und doch wird zugleich die Antwort von dem erhofft, der sich als trinitarische Liebe erwiesen hat".[42] Das letzte Warum dieses Zusammenhangs kann nur Gott selbst beantworten. Und diese Antwort wird niemals unterhalb des Niveaus dessen sein, was an Leid und Gottesfinsternis auszuhalten war.[43]

Dass Gott sich in Christus nicht aus der Menschheitsgeschichte heraus gehalten haben wird, dass er darin mitgelitten und mitgezittert haben wird, kann, auf der Suche nach einem angemessenen Ausdruck dieses Niveaus, dann als Sühne Gottes dafür aufgefasst werden, dass er nicht von vornherein eine Welt geschaffen hat, die von der Abwesenheit des Leides und des Bösen, von der gegenseitigen Dynamik von Freiheit und Liebe geprägt war, wie wir sie für die künftige Welt aus Gottes Hand erhoffen. Das Warum dieses in vieler Hinsicht entsetzlichen Vorspiels bleibt bis dahin unbeantwortet. Gott wusste ja in seiner Allwissenheit um diese Geschichte und dass sie so ausgehen wird. Die Unverständlichkeit darüber, dass er sie nicht verhindert hat und eine Welt geschaffen hat, in der sich Freiheit und Liebe von vornherein küssen, bleibt absolut ein Rätsel, das auch durch das Freiheitsargument nicht geklärt werden kann. Der Überhang des abgrundtiefen Grauens, das sich Menschen antun können, und des abgrundtiefen Leidens, das ihnen auferlegt wird, ist dafür viel, viel zu groß! In der Menschwerdung des trinitarischen Gottes ist uns allerdings eine Botschaft geschenkt, die uns zwar klagend, aber nicht hoffnungslos zurück lässt.[44] Es wird einen langen endzeitlichen Gerichtstag geben, an dessen Ende die Klage sich ausgeklagt hat, weil es möglich war, geklagt und eingeklagt haben zu dürfen und darin nicht vernichtet worden zu sein.

Die Klagen und die Rückfragen der Menschen an Gott treffen dann nicht nur auf den mitten in der Geschichte mitleidenden Gott, sondern sie treffen auch den jenseitigen allmächtigen Gott im Zentrum seiner selbst. Wer nimmt das Leiden der Menschen wirklich radikaler ernst? Ein um seine Allmacht und Transzendenz gebrachter und damit auf die Innergeschichtlichkeit reduzierter Gott, also eigentlich ein Gott, der als Gott sich selber tötet, um nicht *als solcher* zur Verantwortung gezogen werden zu können (bzw. der sich derart zur Verantwortung zieht, dass er sich als Gott vernichtet)[45] oder ein transzendenter allmächtiger Gott, der sich als solcher so in die Verantwortung hinein begibt, dass er die Klagen der Menschen bis in sich selbst hinein lässt, dass er deren Leiden nicht nur in deren Geschichte miterleidet, sondern bis in seine Jenseitigkeit hinein aufnimmt und *dort* aushält? Denn um derart das an Intensität oft schier „unendliche" Leiden der Menschen aushalten zu können, ist nicht weniger als die unendliche göttliche Allmacht der Liebe und der Versöhnung nötig.

Nötig ist diese Allmacht aber auch als Bedingung dafür, dass es mit der Ohnmacht Gottes in der Welt einmal ein Ende haben wird und dass dann seine Allmacht alles endgültig im Sinne seiner tiefsten Solidarität mit der Schöpfung verändert. Für diese Verheißung wäre allerdings umgekehrt die Allmacht Gottes für sich allein noch nicht ausreichend und vertrauenswürdig genug. Auch hier gilt, dass Macht immer ambivalent ist, wenn nicht gleichzeitig geklärt wird, wer zu wessen Gunsten und in welcher Intention Macht ausübt. Um der Selbstachtung der Menschen willen müssten sie einen noch so jenseitig mächtigen Gott ablehnen, der in sich selbst nichts mit dem Leiden der Menschen zu tun hätte. Man könnte ihm dann auch nicht mehr die Gesinnung abnehmen, dass er die Opfer retten will und die Täter zur Verantwortung zieht. So wäre die Allmacht Gottvaters ohne die Leidempfindlichkeit des Menschensohns nur eiskalte Sphärenmusik. So wäre aber auch die Rede vom leidenden Gottessohn ohne die eschatologische Allmacht des Schöpfers eine deprimierende Hoffnungslosigkeit.

Etwas salopp formuliert: So billig kann sich Gott nicht verdrücken, indem er sich in der Liebe und im Leid der Menschheitsgeschichte auflöst und darin als jenseitiger Gott zugrunde geht. Ein solcher Selbstmord wäre die Flucht Gottes vor seiner Letztverantwortung für die Schöpfung (die er ja in Allmacht geschaffen hat). Es wäre dies eine derartige Einschweißung Gottes in die negative Welt, dass er selbst zum Moment der Unheilsgeschichte würde. Eine die Negativität der Schöpfung ernstnehmende Theologie kann nicht zum Ziel haben, Gott zu beseitigen oder zu verkleinern, sondern hat zum Ziel, ihn mit der menschlichen Negativität wirklich zu treffen: ansprechend, beanspruchend, anklagend, verheißungssuchend und hoffnungsempfangend. Dieses „Ihn-Treffen" geschieht durch Christus und seinen Geist. Christus ist die offensive Öffnung zwischen Gott und der Welt. Und als diese Öffnung ist er eine Wunde, nicht heilend, bis alles heil ist. Diese Gotteswunde ist *das* Gotteswunder der christlichen Botschaft schlechthin.

8. Basis der Konkretion

Dietrich Bonhoeffer hat diese Versöhnungsdynamik folgendermaßen formuliert: „Die Gestalt des Versöhners, des Gottmenschen Jesus Christus, tritt in die Mitte zwischen Gott und die Welt, tritt in den Mittelpunkt alles Geschehens [...] Kein Abgrund des Bösen kann dem, durch den die Welt mit Gott versöhnt wird, verborgen bleiben. Aber der Abgrund der Liebe Gottes umfasst auch die abgründigste Gottlosigkeit der Welt [...] Gott steht ein für die Gottlosigkeit, die Liebe für den Hass, der Heilige für den Sünder [...] Nun gibt es keine Wirklichkeit, keine Welt mehr, die nicht mit Gott versöhnt und in Frieden wäre. Gott liebt die Welt, nicht einen Idealmenschen, sondern die wirkliche Welt [...] Während wir unterscheiden zwischen Frommen und Gottlosen, Guten und Bösen, Edlen und Gemeinen, liebt Gott unterschiedslos den wirklichen Menschen."[46]

Auch Sühne ist nie etwas Abstraktes oder Generelles. Hier wird vollends deutlich, warum es der Klagehorizont ist, dem die Sühne entspricht. Weil es die Klage immer nur in der Verschwisterung mit der Konkretion gibt. Sie drängt unmittelbar aus der körperlichen und psychischen Leiblichkeit der Leiderfahrung heraus und ist darin unbestechlich für Generalisierung und zu kurz gegriffenen Reaktionen. Sie hat Zeugniskraft bezüglich des Widerfahrnisses und ist Ausdruck des Widerstandes gegen das Ruinöse. Die Klage ist nie abstrakt, sondern immer besonders, einzelhaftig und partikular.[47] Sie ist immer differenziert und differenzierend. Und sie hat als solche die Differenzierung des konzeptionellen Denkens zu beeindrucken.[48]

Auch die Sühne bezieht sich auf einen bestimmten Fall, in dem Leid verursacht wurde und „wiedergutgemacht" werden soll, sei es hinsichtlich eigener Taten, sei es hinsichtlich der Taten anderer, für die die Sühne stellvertretend übernommen wird.[49] Bei Christus handelt es sich um eine stellvertretende Sühne, einmal für die Menschen, besonders für die „Täter", zum anderen für den Gott, den er Vater nennt, weil er sich am Kreuz der Welt und an seinem eigenen Kreuz nicht als liebender Vater zeigt. Die Form dieser Sühneübernahme ist das Leiden, in dem Christus zugleich das Leiden der Opfer in sich aufnimmt und aufhebt. Als schlimmster Sünder übernimmt er die Sühne, und er tut es in der Form des Leidens all der Opfer, denen von denen Leid zugefügt wurde, für die er als zur Sünde Gemachter sühnt. So begegnen sich in ihm Opfer und Täter, das Leid und das Böse. Und in seiner Selbstidentifikation mit beiden bringt er beide im Horizont der Erlösung zusammen: unvorstellbar für uns Menschen, aber einmal, so hoffen wir, erlebbar im Gericht. Erst in diesem Horizont und mit *dieser* Tiefe kann angesichts *dieser* Welt von einem universal guten Gott die Rede sein. Gott sühnt in Christus nicht generell, sondern partikular, allerdings mit universaler Wirkung, und auch diese nicht generell, weil diese Sühne jedes Menschenschicksal in sich enthält und aufhebt.

Christi Sühne ist also ein menschenbezogenes und ein gottbezogenes Ereignis, es geht um die Sanierung von beiden, um das Heil beider, der Menschen in der Hinsicht, dass sie derart Gottes Heil empfangen *können*; und Gottes, dass er das Heil in dieser ihn selber bis im Innersten betreffenden Weise gibt.

Der englische Visionär und Dichter William Blake (1757–1827) hat zum ausgehenden 18. und zum beginnenden 19. Jahrhundert in genialer Weise eigene dichterische und künstlerische Interpretationen theologischer Aussagen, biblischer Gestalten und ganzer biblischer Bücher vorgelegt.[50] Ein ganzes Feuerwerk von unorthodox eigenwilligen Sichtweisen begegnet hier, vor allem wenn Blake Gott dualistisch spaltet, den Schöpfer als grausam und den Sohn als sanft und barmherzig auffasst und dann doch beide zum Fest der Liebe, zur „Hochzeit" führt.[51]

Dass in Christus am Kreuz Gut und Böse, Gottessohn und Satan „zusammenkommen", diese taurologische co-incidentia oppositorum, nämlich dass beide hochzeitlich, also in Liebe zusammenkommen, ist Bedingung der Erlösung vom Bösen und vom Leid. This „would mean to believe that there is *nothing* that the fullness of being does not finally embrace."[52] Und zu glauben, dass diese „Umarmung"[53] letztlich gut und erlösend ist und hineinmündet in das himmlische Jerusalem: "Jerusalem as the paradisal community is inviolable because it is a community from which no one is excluded."[54] Im Anschluss an Thomas Altizer ist die Selbst-Annihilierung des Satans in Gott identisch mit der Sühne des Gottessohnes, die sich in seiner sich selbst aufopfernden Compassion mit den Opfern und für die SünderInnen ereignet.[55]

Für das Satanische in Gott, das, was den Menschen Böses und Leid bringt, steht die Sühne für das zugefügte Leid an, damit sich der weltliche und der innergöttliche Dualismus auflösen kann in Richtung auf das besagte Jerusalem. Wer den *dia-bolos* aus Gott heraus exkludiert, bringt Gott um seinen real *sym-bolischen* Gehalt: dass beides in ihm in einer besonderen Weise zusammenfällt, nämlich beides in

Liebe (trinitarisch ist dies der Heilige Geist) zu umfangen und zu retten in eine Welt hinein, wo sich Freiheit, Liebe und Glück die Hand geben. In diesem Sinn benötigen wir eine negative Theologie, nicht nur bezüglich des unendlichen Geheimnisses Gottes und seiner ewigen Entzogenheit, sondern hinsichtlich seiner Negativität im Sinne des Verursachens und Zulassens von Leid und Bösen, gewissermaßen eine diabolische Theologie, die das Satanische in Gott selber aufsucht. Wie bisher im christlichen Glauben geht es um das antidualistische Anliegen, dass Satan und Tod besiegt werden. Aber nicht durch den Auswurf Satans, sondern durch eine völlig unwahrscheinliche und universale Liebe, die Luzifer mit seinem Ursprung konfrontiert, mit dem Geschenk seiner Existenz, und zwar am tiefsten Abgrund seiner selbst. Dualistisch ist dagegen alles, wo eine Hölle bzw. ein Satan außerhalb des Machtbereichs Gottes, also seines Liebesbereiches, existieren könnte. Damit hätten wir aber nicht nur einen Dualismus zwischen Gut und Böse, zwischen Gott und Satan, sondern Gott selbst würde seine Universalität und seine Göttlichkeit verlieren.

Natürlich ist dies alles aus menschlicher Perspektive gedacht, aber als was denn sonst? Darin jedenfalls konsequent auf der Suche nach einem universal liebenden Gott, dessen Liebe die höllischsten Untiefen der Schöpfung (und Gottes selbst) unendlich „umfasst". Die Alternative wäre: Dass nicht nur die Welt, sondern auch Gott in sich zerfällt. In beiden Fällen steht die Universalität Gottes und damit die Qualität Gottes als Gott selber auf dem Spiel, spirituell die Doxologie, nämlich Gott im Gebet und in der Anbetung größer sein zu lassen als alles und auch als alle Gegensätze der Welt. Man *muss* in diesem Zusammenhang nicht von Gottes Sühne für seine eigenen dunklen Anteile sprechen, aber man *kann* es, und vor allem angesichts von Auschwitz entwickelt diese Vorstellung mehr Bedeutungskraft als sie

Ambivalenz hat. So wie dies ähnlich galt für Anselm von Canterbury in seinem soziopolitischen Kontext.

Es geht bei Christus also nicht nur um ein Mitleiden mit den Opfern, sondern auch um ein Mitsündersein mit den Sündern, also auch um ein Mitbösesein mit ihnen und darum, als solcher behandelt zu werden, einschließlich des Mitböseseins mit den ruinösen Anteilen Gottes selbst. Dabei wird das Mitleiden mit den Opfern zur Ausdrucksform der Sühne, stellvertretend für die sündigen Menschen und für Gottes Anteil an ihrem Elend. Damit ratifiziert Christus im Kreuzigungsgeschehen, was er in seinem Verkündigungsleben gezeigt hat: Er kommt nicht nur den Leidenden rettend nahe, sondern auch den Sündern und Sünderinnen kommt er versöhnend nahe. Beide umarmt er mit seiner Liebe. Analoges geschieht in Gott selbst, insofern Christus den mit der Welt leidenden und stellvertretend für die Menschen und für Gott sühnenden Anteil Gottes repräsentiert.

Nach Ottmar John gehört es zur kritischen Methode Walter Benjamins, „die Wahrheit der Unterdrückung bei den Unterdrückern zu erfahren".[56] Dies gilt auch für einen christlich vertieften Solidaritätsbegriff: Die Wahrheit der Solidarität bzw. der Sünde gegen sie ist nicht nur bei ihren Opfern zu erfahren, sondern am Ort der Sünder und Sünderinnen selbst. Wir werden wohl um der Solidarität lernen dürfen, den Sündern und Sünderinnen in und um uns nahezukommen. Jesus hat die Destruktion, die sich Menschen antun, bekämpft, aber nicht durch Distanz von den Sündern und Sünderinnen weg, sondern durch eine um so größere Nähe zu ihnen hin. Ihnen gegenüber legt er absolut keine Berührungsängste an den Tag. In solchen Begegnungen hat er sie zur Umkehr aufgerufen und je nach Reaktion versöhnt bzw. mit ihnen gestritten und sie prophetisch beschimpft. Zur christlichen Dimensionierung der Solidarität gehört folglich, dass jene, die sich in die Dynamik der Solidarität hineinbegeben, sich auch auf die Suche nach dem Bösen, nach dem Unsolidarischen in sich selbst machen, auch schon in seinen „schwachen Signalen".

Für die diakonische Pastoral hätte dies schon längst viel mehr bedeutet, nicht nur den leidenden Menschen nahezukommen, sondern auch den Tätern, Verursachern und den Bösen.[57] Für die Elisabethlegende würde das bedeuten, dass Elisabeth nicht nur den leidenden Aussätzigen in ihr Ehebett nimmt, sondern auch den Verbrecher.[58]

So unmöglich und ungewöhnlich uns diese Dimension christlicher Pastoral erscheint, so notwendig wäre sie im Horizont einer Christologie und Theologie, in denen niemand und nichts exkludiert werden und die gleichwohl auf einen salvatorischen Gott setzen. Kontrafaktisch zur Wirklichkeit genauso wie zur Unwahrscheinlichkeit eines solchen Glaubens. Und die Kirche würde zum Ort werden, wo in Christus nicht nur bedrängten Menschen beigestanden wird, sondern wo auch in genau dieser Form mit Christus stellvertretende Sühne gelebt wird für jene Anteile der Menschen und Gottes, die von den Menschen als ruinös erlebt werden. Dann steht die Kirche für einen guten Gott nicht unterhalb des Niveaus des Leidens und des Bösen ein; sie muss Gott dann nicht mehr verteidigen oder gar entschuldigen, sondern kann ihn in der Doxologie als den lobpreisen, der auch noch einmal größer und weiter ist als alle diesseitigen Gegensätze und sie auf eigene Kosten umfängt.

Anmerkungen

[1] Ps 22, 16c: „Du legst mich in den Staub des Todes!"
[2] Vgl. Magnus Striet, Erlösung durch den Opfertod Jesu?, in: Zur Debatte (2012) 3,19–21, 21 sp.4.
[3] Vgl. ebd. 21 sp.3.
[4] Ebd. 21 sp.3.
[5] Vgl. Ottmar Fuchs, Wer's glaubt wird selig...Wer's nicht glaubt, kommt auch in den Himmel, Würzburg 2012.

174

⁶ Vgl. Thomas Söding, Macht und Ohnmacht des Gebetes, in: Die Debatte (2012)5, 21–23, 23 sp.4.

⁷ Vgl. Johann Reikerstorfer, Leiddurchkreuzt – zum Logos christlicher Gemeinde, in: Johann Baptist Metz, Jürgen Werbick (Hg.), Gottesrede, Münster 1996, 21–57, 47.

⁸ Vgl. ebd. 4o; vgl. Ottmar Fuchs, Solidarisierung bis zum äußersten!? Wenn die Entscheidung für das Leben das Leben kostet, in: Franz Weber (Hg.), Frischer Wind aus dem Süden. Impulse aus den Basisgemeinden, Innsbruck/Wien 1998, 119–135.

⁹ Reikerstorfer, Leiddurchkreuzt 56–57.

¹⁰ Sicher wird Gott im eschatologischen Geschehen auch rufbar sein in Dank und Lob, nicht nur für seine offenbar werdende Barmherzigkeit und Gerechtigkeit, sondern auch für viele wertvolle Erfahrungen der Liebe und Freude im irdischen Leben. Doch wäre dies ein eigenes Thema.

¹¹ Vgl. den nicht nur die Sühne, sondern bereits die Anklage Gottes, die ja biblisch verbürgt ist, ablehnenden Beitrag von Michael Karger, Wenn Gott auf der Anklagebank sitzt, in: Die Tagespost (2012)19,6.

¹² Vgl. Jan-Heiner Tück, Mit dem Rücken zu den Opfern der Geschichte? Zur Kontroverse um die trinitarische Kreuzestheologie Hans Urs von Balthasars, in: Magnus Striet (Hg.), Monotheismus Israels und christlicher Trinitätsglaube, Freiburg-Basel-Wien 2004, 199–235, 233.

¹³ Vgl. Georg Büchner, Dantons Tod, in: Sämtliche Werke (Tempel-Klassiker), Wiesbaden, o.J., 7–77, 73f.

¹⁴ Vgl. Reikerstorfer, Leiddurchkreuzt 44 und 54.

¹⁵ Ebd. 54.

¹⁶ Vgl. Karl-Josef Kuschel, Verweigerung der Theodizee – Warten auf Theodizee: Zu Elie Wiesels Drama Der Prozess von Schamgorod, in: Reinhold Boschki, Dagmar Mensink (Hg.), Kultur allein ist nicht genug, Münster 1998, 273–288, 286.

¹⁷ Vgl. Magnus Striet, Versuch über die Auflehnung. Philosophisch-theologische Überlegungen zur Theodizee-Frage, in: Harald Wagner, Mit Gott streiten. Neue Zugänge zum Theodizee-Problem, Freiburg/Br. ²1998, 48–89, 75: „Denn wenn aus ethischen Gründen die ewige Harmonie nicht um den Preis verwirklicht werden darf, dass dem Unterschied zwischen Opfern und Tätern, den Ermordeten von Auschwitz und ihren Henkern, keine Bedeutung mehr zukommt, dann wird in der Idee Gottes eine Freiheit postuliert, die die Freiheit von Opfern und Tätern uneingeschränkt achtet, und doch durch die Macht ihrer Liebe die Täter dazu in Freiheit ermächtigt, um Verzeihung zu bitten, und es den Opfern trotz des erlittenen Leides ermöglicht, die Verzeihung zu gewähren."

¹⁸ Analog zum Auferstandenen, der in seinem verklärten Leid die Wundmale der Geschichte aufweist, so wird es wohl auch mit der Auferstehung der Menschen insgesamt sein. Auch sie werden, nun

aber in einer erlösten Weise, nichtsdestoweniger am eigenen Auferstehungsleib die in die Versöhnung Gottes hineingebrachten Wunden der Geschichte behalten, bei den Opfern die Wunder dessen, was ihnen angetan wurde; bei den Tätern die Wunden ihres Reueschmerzes darüber, was sie in der Geschichte den Menschen angetan haben.

[19] Johann Baptist Metz, Gott. Wider den Mythos von der Ewigkeit der Zeit, in: Tiemo Rainer Peters, Claus Urban (Hg.), Ende der Zeit? Die Provokation der Rede von Gott, Mainz 1999, 32–49, 41–42.

[20] Vgl. ebd. 33.

[21] Ebd. 4o. Es wäre die letzte Verhöhnung der geschichtlichen Opfer, wenn den Tätern auf Grund ihres außerhimmlischen Leidens dann doch noch der Würdetitel des Opfers zukäme: vgl. Ottmar Fuchs, Gerechtigkeit im Gericht - Ein Versuch. Zum 90. Geburtsjahr von Hans Urs von Balthasar, in: Anzeiger für die Seelsorge 104 (1995) 11, 554–561, 558.

[22] Vgl. zu diesen Formulierungen Regina Ammicht-Quinn, Von Lissabon bis Auschwitz. Zum Paradigmawechsel in der Theodizeefrage, Freiburg/Schweiz 1992, 292.

[23] Nach Lk 24,26 ist der Auferstandene, der den Jüngern vom Himmel aus begegnet, bereits in die himmlische Herrlichkeit aufgenommen. Auch wenn Paulus vom pneumatischen Leib spricht und damit die etwas massive Leiblichkeit des Auferstandenen bei Lukas zurück nimmt, verteidigt er doch in 1 Kor 15 gegenüber den enthusiastischen Gläubigen in Korinth die Leiblichkeit des Auferstandenen. Diese Leiblichkeit ist die Bedingung dafür, dass die Wundmale sichtbar sind.

[24] Magnus Striet, Der vermisste Gott (2), in: Christ in der Gegenwart 64 (2012) 13, 165–166, 166.

[25] Ebd.

[26] Ronald Goetz, Jesus Loves Everybody, in: The Christian Century 109 (1992) 9, 275–277, 276: "I must conclude that Jesus Christ's death entails not just God's atonement for our sins but God's own atonement for being the ultimate agent of evil as well as good. 'I make weal and create woe.' I believe by faith that the unambiguousness of God's love will finally, eschatologically, be made manifest. But in this world much of life tempts one to conclude that God is less 'love' and more 'indifference.' Christians must confront the question: On what basis can we affirm the ultimate trustworthiness of God in the face of the 'woe' that God has created? For me, it is only by God suffering with us, suffering at our hands as we suffer at God's own hands, that God can establish the credentials of a lover. What is required is not the bloodless suffering of an abstract metaphysical deity (as in Whitehead) but the suffering of a God who has experienced firsthand the weight of the sin that creation makes inevitable." Vgl. auch Alice L. Eckardt, Leiden: Herausforderung des Glaubens – Herausforderung Gottes, in: Boschki, Menzink (Hg.), Kultur

allein 245–261, 259f. Gewissermaßen stirbt Christus für Gottes „Verbrechen". Zugleich protestiert er für alle Opfer gegen diesen Gott.

27 Vgl. Ottmar Fuchs, Das Jüngste Gericht. Hoffnung auf Gerechtigkeit, Regensburg 2/2009, 103–109.

28 Zitiert bei Striet, Erlösung 21 sp.2.

29 Vgl. Tomas Halik, Geduld mit Gott. Leidenschaft und Geduld in Zeiten des Glaubens und Unglaubens, Freiburg i. B. ²2011. Die Geduld kann sich allenfalls auf jenen Anteil Gottes beziehen, der in Christus und im Heiligen Geist unser Leben teilt.

30 Vgl. Striet, Erlösung 19 sp 2.

31 Anders Jan-Heiner Tück, Am Ort der Verlorenheit. Zur rettenden und erlösenden Kraft des Kreuzes Jesu Christi, in: Zur Debatte (2912), 3,22–24, 24 sp. 2.

32 Anders Tück, ebd. 24 sp 1-2.

33 Vgl. Jan-Dirk Döhling, Der bewegliche Gott. Eine Untersuchung des Motivs der Reue in der Hebräischen Bibel, Freiburg i.B. 2009.

34 Striet, Der vermisste Gott 166.

35 Vgl. Magnus Striet, Konkreter Monotheismus als trinitarische Fortbestimmung des Gottes Israel, in: Striet (Hg.), Monotheismus Israels 155–198, 180, 193f.

36 Striet, Erlösung 21.

37 Vgl. A. Roy Eckardt, Das Weinen Gottes: Eine göttliche Komödie, in: Boschki, Mensink (Hg.), Kultur allein 262–272, 269.

38 Zur auch nachbiblischen unerlässlichen gegenseitigen Hermeneutik christlicher und jüdischer Theologien vgl. Ottmar Fuchs, Wie verändert sich die Pastoraltheologie, wenn sie ihren eigenen inhaltlichen und methodischen Kernbereich im Horizont der Geschichte und Gegenwart „Israel" begreift?, in: Gerhard Langer, Gregor Maria Hoff (Hg.), Der Ort des Jüdischen in der katholischen Theologie, Göttingen 2009, 157–203

39 Vgl. Vgl. Ottmar Fuchs, Dass Gott zur Rechenschaft gezogen werde – weil er sich weder gerecht noch barmherzig zeigt?, In: Ruth Scoralick (Hg.), Das Drama der Barmherzigkeit Gottes, Stuttgart 2000, 11–32; ders., Gottes trinitarischer „Offenbarungseid" vor dem „Tribunal" menschlicher Klage und Anklage, in: Striet (Hg.), Monotheismus Israels 271–295.

40 Vgl. Tück, Mit dem Rücken zu den Opfern.

41 Vgl. Ottmar Fuchs, Praktische Hermeneutik der Heiligen Schrift, Stuttgart 2004, 438–461; vgl. auch Wolfram Herrmann, Jahwe, der Furchtbare, Neukirchen-Vluyn 2008.

42 Striet, Monotheismus 197.

43 Vgl. Ottmar Fuchs, Neue Wege einer eschatologischen Pastoral, in: Theologische Quartalschrift 179 (1999) 4, 260–288, 273ff.

44 Vgl. Striet, Monotheismus 196.

45 Vgl. Hans Jonas, Der Gottesbegriff nach Auschwitz, Frankfurt/M. 1987

[46] Dietrich Bonhoeffer, Ethik, München 1992 (= Dietrich Bonhoeffer Werke Bd. 6), 69–71; vgl. auch Elmar. Klinger, Das absolute Geheimnis im Alltag entdecken. Zur spirituellen Theologie Karl Rahners, Würzburg 1994, 58.

[47] Vgl. Diane M. Yeager, Of Eagles and Crows, Lions and Oxen. Blake and the Disruption of Ethics, in: Journal of Religious Ethics 37(2009) 1–31, 20–21.

[48] Vgl. Thomas Freyer (Hg.), Der Leib. Theologische Perspektiven aus dem Gespräch mit Emmanuel Lévinas, Ostfildern 2009.

[49] Zum Aspekt der Stellvertretung vgl. Ruth Fehling, „Jesus ist für unsere Sünden gestorben". Eine praktisch-theologische Hermeneutik, Stuttgart 2010.

[50] Vgl. William Blake, Zwischen Feuer und Feuer. Poetische Werke. Zweisprachige Ausgabe, München 1996, 213 (Die Hochzeit von Himmel und Hölle), 411 (Das immerwährende Evangelium); vgl. darin auch das Nachwort von Susanne Schmid 473–490.

[51] Vgl. Yeager, Blake 6–9; Kathleen Raine, William Blake, London 1970, 60f.; Ralf Haekel, Die Seele als ästhetische Kategorie. Edward Youngs Night Thoughts und William Blakes The Four Zoas, in: Markus Dauss, ders., Leib/Seele – Geist/Buchstabe. Dualismen in der Ästhetik und den Künsten um 1800 und 1900, Würzburg 2009, 85; vgl. auch Thomas J. Altizer,… daß Gott tot sei. Versuch eines christlichen Atheismus, Zürich 1968, 62–84, 110–115, 117ff, 132–151.

[52] Yeager, Blake 7.

[53] Die Begriffe des Umarmens, Umfangens und Umfassens beinhalten in diesem Zusammenhang keine neue Grenze nach außen, also hinsichtlich der Nicht-Umarmten, sondern müssen im Horizont der Unendlichkeit Gottes in alle „Außen" hinein weitergedacht werden.

[54] Yeager, Blake 8.

[55] Vgl. Thomas J. Altizer, The Revolutionary Vision of Blake, in: Journal of Religious Ethics 37 (2009) 33–38.

[56] Ottmar John „… und dieser Feind hat zu siegen nicht aufgehört" – die Bedeutung Walter Benjamins für eine Theologie nach Auschwitz, Münster 1982, 216 (Diss.masch.).

[57] Zu dieser Einsicht als konstruktive Provokation des Caritasseite der Kirche vgl. Ottmar Fuchs, Den Glauben bezeugen – in sozialem und politischem Engagement. Kriterien und Perspektiven, in: Rainer Krockauer, Manfred Körber (Hg.), Glaubenszeugnisse in sozialer Arbeit und Diakonie. Impulse für Kirche und Gesellschaft (Werkstatt Theologie Band 8), Berlin 2008, 37–69.

[58] Vgl. Fuchs, Ottmar, „Unmögliche" Gegenwart der Gabe. Elisabeth und Derrida als akute Provokation, in: Franz Gruber, Christoph Niemand, Ferdinand Reisinger (Hg.), Geistes-Gegenwart. Vom Lesen, Denken und Sagen des Glaubens (Linzer Philosophisch-Theologische Beiträge Band 17), Frankfurt 2009, 155–178.

Autorenverzeichnis

Ottmar Fuchs, Professor für Praktische Theologie an der Eberhard-Karls-Universität Tübingen

Julia Knop, Privatdozentin für Dogmatik an der Albert-Ludwigs-Universität Freiburg i. Br.

Karl-Heinz Menke, Professor für Dogmatik und Theologische Propädeutik an der Rheinischen Friedrich-Wilhelms-Universität Bonn

Jozef Niewiadomski, Professor für Dogmatik an der Leopold-Franzens-Universität Innsbruck

Magnus Striet, Professor für Fundamentaltheologie an der Albert-Ludwigs-Universität Freiburg i. Br.

Jan-Heiner Tück, Professor für Dogmatik und Dogmengeschichte an der Universität Wien

Jürgen Werbick, em. Professor für Fundamentaltheologie an der Westfälischen Wilhelms-Universität Münster